禪宗的人生哲學

——頓悟人生

《中國人生叢書》前言

中國聖賢是一個神聖的群體。他們是思想智慧的化身，道德行為的典範，進取成功的象徵。他們或者以自己的思想學說影響歷史，並構成民族性格與靈魂；或者他們本身即親身創造歷史，留下光照千秋的業績。

但歲月流轉，時代阻隔，語言亦發生文句變化。更不用說人生代代無窮已，歷來學問家詮釋演繹聖賢學說，形成眾多門戶相左的學派，同時又相應神化聖賢事跡。於是，聖賢便高居雲端，使常人可望不可及，只能奉為神明，頂禮膜拜。

然而，消除阻隔，融匯古今，無論學問思想，或者智勇功業，如此二者常常並不是分離的，且必然是人生的，為社會人生而存在的。這就是聖賢學說、智略、勇氣、運籌、奔走、苦鬥，成功的經驗，失敗的教訓，乃至道德文章，行為風範，也體現為一種切實的人生。因為聖者賢者也是人。

這是一種存在，無須多說甚麼。但存在對每一個人並不意味著親切，也不意味著自覺。我想聖賢人生與我們這些凡夫俗子的人生加以聯繫。聖賢不正是一個凡夫俗子，經許多努力，經許多造就，才成其為聖者賢者的嗎？

當然還有一個重要方面，時世使然矣，這就是歷經漫漫千年的中古時代，又歷經憂患求索的百年近代，世界文化已在衝擊中國人的生存方式。該如何確立中國人的人生路，我總認為無論是做為一種一脈相承的文化淵源，還是作為一種精神參照與啟迪，都莫如了解中國聖賢人生，莫如將我們平凡的人生從聖賢人生與學說找到佐證，找到圭臬。所謂古人不見今時月，今月曾經照古人。正是由此理解，由此思忖，我嘗試撰寫了《莊子的人生哲學》，問世以來即引起讀者的關注與歡迎。並且成為我組織一套《中國人生叢書》的直接引線。

我大致想好了，依然如《莊子的人生哲學》一樣，一書寫一聖賢人物。我還不揣譾陋，以我的《莊子的人生哲學》為範本，用一種隨筆的文體與筆調，古今結合，史論結合，聖賢人生與凡生結合，我還要求每一位作者對他所寫的聖賢人物，結合自己的人生閱歷對聖賢寫出獨特的人生體驗。我請了我的多位具卓越才識的朋友，他們都極熱心地加盟這套書的寫作，並至順利完成。

現在書將出版了，我需感謝我的朋友們，感謝出版社，希望更多的讀者喜歡他。

揚帆

一九九四年六月八日

目錄

目錄

話說禪宗

禪宗的傳法世系

禪宗是中國佛教最為顯赫的宗派之一，創始於中唐而盛行於晚唐、五代。它的形成、發展、演化及其獨特個性，在中國佛教史上是異常引人注目的。

禪宗的傳法世系，說來疑點頗多。

相傳，釋迦牟尼在靈山會上，拈花示衆，當時大衆都不曉其意，面面相覷，唯有迦葉尊者發出了會心的微笑。

於是，釋迦便將「不立文字，教外別傳，直指人心，見性成佛」的「正法眼藏」傳給了他。——這，據說就是禪宗的開始。

公元七一三年八月三日，慧能知道自己不久於人世了，便召集門人，與他們訣別。法海詢問禪宗的世系，慧能答道：「初傳授七佛，釋迦牟尼佛第七，大迦葉第八，阿難第九，末田地第十，商那和修第十一，優婆掬多第十二，提多迦第十三，佛陁難提第十四，佛陁密多第十五，脅比五第十六，富那奢第十七，馬鳴第十八，毗羅尊者第十九，龍樹第二十，迦那提婆第二十一，羅睺羅第二十二，僧伽那提第二十三，僧伽耶舍第二十四，鶴摩羅馱第二十五，闍耶多第二十六，婆須盤多第二十七，摩拏羅第二十八，鶴勒那第二十九，師子比丘第三十，舍那婆斯第三十一，優婆崛多第三十二，僧伽羅第三十三，須婆蜜多第三十四，南天竺國王子第三子菩提達摩第三十五，唐國僧慧可第三十六，僧璨第三十七，道信第三十八，弘忍第三十九，慧能自身當今受法第四十。」這段話，一般認爲是後世杜撰。慧能那個時代，還不可能有完整的、定型的禪宗世系，更不可能由慧能本人一口氣講出這麼一個從迦葉到達摩的傳法世系。

比較可信的禪宗傳法世系，當以「東土初祖」達摩爲起點，如圖所示：

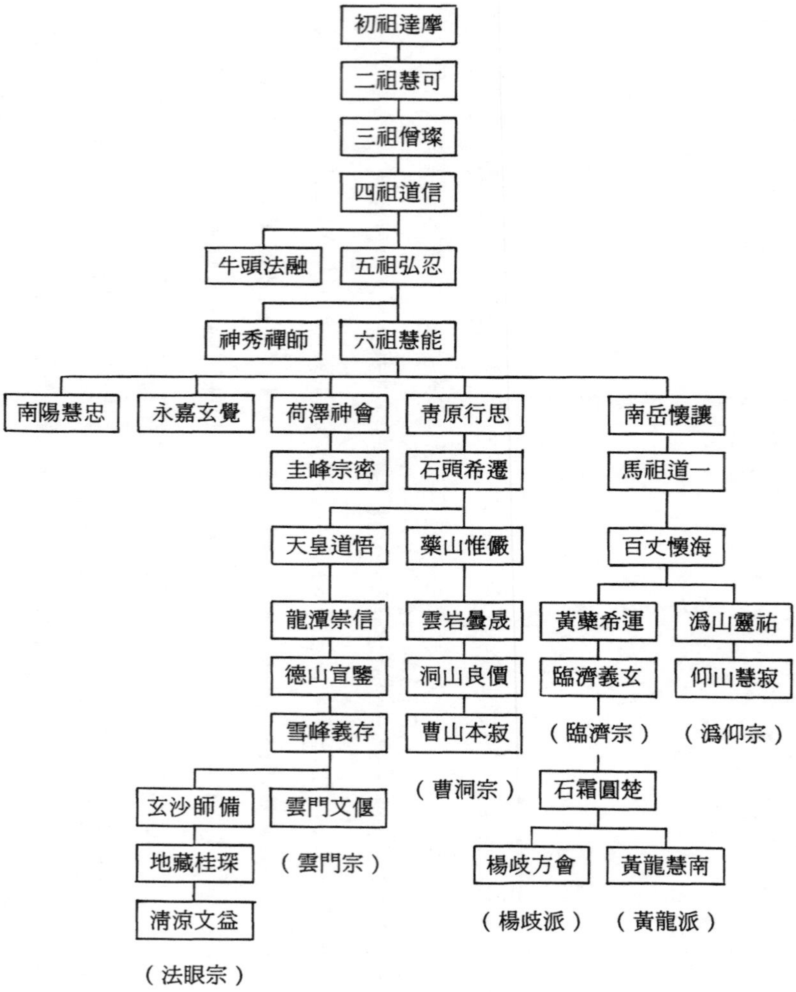
初祖達摩
二祖慧可
三祖僧璨
四祖道信
牛頭法融
五祖弘忍
神秀禪師
六祖慧能
南陽慧忠
永嘉玄覺
荷澤神會
青原行思
南岳懷讓
圭峰宗密
石頭希遷
馬祖道一
天皇道悟
藥山惟儼
百丈懷海
龍潭崇信
雲岩曇晟
黃檗希運
潙山靈祐
德山宣鑒
洞山良價
臨濟義玄
仰山慧寂
雪峰義存
曹山本寂
（臨濟宗）
（潙仰宗）
玄沙師備
雲門文偃
（曹洞宗）
石霜圓楚
地藏桂琛
（雲門宗）
楊歧方會
黃龍慧南
清涼文益
（楊歧派）
（黃龍派）
（法眼宗）

達摩是南天竺僧人，約於南朝宋末來華。他從廣州至建康（今江蘇南京），然後渡江北上，入嵩山少林寺，面壁九年，默坐瞑想，連小鳥在肩上築巢都沒有察覺。他把入道的途徑分作「理」與「行」兩種，稱「二入」；又把「行入」的方法分作「報怨」（逢苦不憂）、「隨緣」（苦樂隨緣）、「無所求」（有求皆苦，無求即樂）、「稱法」（稱法而行，無心而行）四種，稱「四行」。達摩的「二入四行」說，源出於《楞伽經》，給了後世禪人許多啓發。禪宗因他而以「禪」名宗，尊之爲「東土初祖」。二祖慧可、三祖僧璨都遵其路徑。從達摩到僧璨這三代法裔相傳的過程，可視爲禪宗的第一個階段。

「東山法門」代表中國禪宗發展的第二個階段，其創始人爲道信、弘忍。道信（五八〇—六五一），俗姓司馬，河內（治所在今河南沁陽）人。少年出家，承僧璨爲師。隋大業（六〇五—六一八）年間，入吉州（治所在今江西吉安）傳法，後至蘄州黃梅（今湖北黃梅西北）破頭山傳法，改山名爲雙峰山。弘忍（六〇二—六七五），俗姓周，蘄州黃梅（今屬湖北）人，一說潯陽（今江西九江）人。七歲隨道信禪師出家，受具足戒。後在黃梅雙峰山以東十里的馮墓山建寺，聚徒講習，門人甚衆，號「東山法門」。

中國禪宗，從初祖達摩到三祖僧璨，其門徒都修頭陀行，「一衣一鉢，一坐一食」，隨緣而住，並不聚徒定居於一處。至道信、弘忍時代，禪風一變。道信定居雙峰山，三十餘年，會衆多至五百。後來弘忍移居東山，又二十餘年，徒衆多至七百。他們定居山林，聚徒修禪，既把運水搬柴等一切勞動當作禪的修行方式，又因此實行了生產自給。禪宗的叢林制度可說肇始於此。

道信、弘忍還完成了《楞伽經》與《般若經》、《金剛經》的融合。達摩西來，本以《楞伽經》印心，故當時慧可與僧璨皆稱「楞伽師」。而道信曾勸僧俗念摩訶般若，已稍變重視《楞伽經》之風。弘忍傳承道信衣法，常勸僧俗持《金剛經》；禪宗傳教改用《金剛經》就始於弘忍。他們兼收舊說與新說，倡導「即心是佛」，「心淨成佛」，「息其言語，離其經論」，不立文字，頓入法界，使中國禪宗進一步老莊化、玄學化。

弘忍門下，弟子衆多，個中佼佼者有神秀、慧能、慧安、智銑等，而以慧能、神秀最爲著名，開創了「南頓」、「北漸」二派。「南頓」即慧能所創的南宗禪，代表中國禪宗的第三階段。

慧能（六三八—七一三）是中國禪宗的第六祖。據說他本人是個不識字的和尚，起初在黃梅五祖弘忍那裡做行者（在寺院裡沒有出家的服勞役之人），在碓房舂了八個月米。後來，弘忍爲了選嗣法弟子，命寺僧各作一偈。上座神秀主張漸悟，其偈曰：「身是菩提樹，心如明鏡台，時時勤拂拭，勿使惹塵埃。」慧能主張頓悟，其偈曰：「菩提本無樹，明鏡亦非台，本來無一物，何處惹塵埃。」得到弘忍讚許，密受法衣。他得法南歸，在隱居若干年後，至曹溪住寶林寺。從慧能開始，主張不要背誦佛經，而要體會佛經的旨趣；不需要累世修行，也不需要大量布施財物。只要大徹大悟，即可成佛。這些特點使禪宗鮮明地區別於隋、唐時期的其他佛教宗派，格外受中國士大夫的青睞。

唐代中葉，慧能以前，禪宗傳佈的地區，僅限於嵩洛湖北一帶。慧能以後，禪宗蔚爲顯學，影響所及，由嶺南、湖南、江西一帶而遍佈全國，並遠播海外。有人以爲，禪宗的正式建立，應從慧能算起；從一定的角度看，這話不無道理。至唐代後期，禪宗幾乎取代了其他佛教宗派，有時，禪學甚至被作爲佛學的同義詞來用。

慧能的弟子很多，《景德傳燈錄》及《傳法正宗記》皆載有嗣法四十三人。其中最著名於後世的有五人，即：青原行思、南岳懷讓、荷澤神會、南陽慧忠、永嘉玄覺。其後，由南岳懷讓、馬祖道一、百丈懷海一系分出溈山靈祐、仰山慧寂的「溈仰宗」和黃蘗希運、臨濟義玄的「臨濟宗」；臨濟宗經過五世的發展，又由石霜楚圓門下分出楊岐方會的「楊岐派」和黃龍慧南的「黃龍派」。由青原行思、石頭希遷一系分出藥山惟儼、雲岩曇晟、洞山良價的「曹洞宗」和天皇悟道、龍潭崇信、德山宣鑒、雪峰義存、雲門文偃的「雲門宗」以及天皇悟道、龍潭崇信、德山宣鑒、雪峰義存、玄沙師備、羅漢桂琛、法眼文益的「法眼宗」。「一花開五葉」，形成了禪宗的全盛時代。

上述禪宗五家，在宋代唯臨濟獨盛，其餘各宗，或歸絕滅，或就衰微（但曹洞宗在宋末曾一度隆盛）。臨濟宗的黃龍派，數傳即絕，楊岐派則恢復了臨濟舊稱，所以臨濟宗後期的歷史，也就是楊岐派的歷史。

和完善。

禪宗是一種人生哲學

如果在其他人身上不存在對我們自己的生命的關注，就沒有人格的真正發展和完善。

麻省工學院的哲學教授荷思頓·史密斯曾問日本的禪宗研究者鈴木大拙博士：「佛陀死後，他所遺留給後人的，究竟以什麼最重要？是那些誨人不倦的講詞，還是他那堪爲典範的人格？」鈴木回答說：「當然是他的人格。每次講道自然也都是人格的表現。」

我們先來看一則公案。

趙州從諗是唐代偉大的禪師之一。他居住河北觀音院，附近有座天下聞名的石橋。一位雲遊僧問趙州：「聽說這裡有座出名的石橋，可我只看到一座駝背的獨木橋。」

趙州說：「你只看到駝背的獨木橋，卻沒看見眞正的趙州石橋。」

「什麼是眞正的趙州石橋?」雲遊僧神情惘然。

「渡驢渡馬,渡一切衆生!」趙州的回答從容而堅定。

這便是禪師的溫厚與慈悲!有形的獨木橋僅能渡一人,而無形的趙州石橋卻以菩薩的慈悲情懷默默地承受著驢馬的踐踏——他奉獻著自己,爲了人類而不聲不響地辛勤工作著。所以,當有人對趙州提問:「你眞是了不得的聖人啊!在你死後,你要到哪裡去呢?」趙州響亮地答道:「我要在你們所有這些人之前到地獄去!」這使問話人驚訝不已,因爲,依照常情是理解不了趙州的回答的。但趙州的理由卻十分充足:「如果我不先到地獄,誰會等在那裡救你們這些人呢?」爲了普渡衆生而最先下地獄,趙州所表白的正是對人類全心全意的愛。

基督教曾提出衡量完滿人生的三條標準,其中第二條是:我們不能把我們的興趣只放在我們身上,以自我爲中心,只關心自己;我們要在我們的人生中和爲他人服務的工作中找到我們興趣的凝聚點。這就是《新約》中所說的「愛」。基督把這種「愛」表述爲我們要愛人如己。只要我們意識到愛他人就是使他人成爲同我們自己一樣的我們的一部分,也就是說,愛他人就是在愛我們自己的一部分，我們與他人之間就不會出現利害衝突。

現代心理學注意到這樣一個事實：如果在其他人身上不存在對我們自己的生命的關注，就沒有人格的眞正發展和完善。我們是社會的存在物，我們自己的人格發展在很大程度上要取決於我們對他人的關懷如何。如果我們做到了關懷他人，我們就擺脫了我們的自我，不再以自我爲中心，進入了使我們獲得充分自由的愛。

禪宗不是基督教，但卻和基督教一樣，首先關注的是人生問題、人生方式；禪宗不是心理學，但其宇宙同情心卻比現代心理學所談論的還要博大。一次下雨時，鏡淸禪師問他的門下僧人：「外面是什麼聲音？」

「是下雨聲。」學僧道。

「錯了！」鏡淸斷然下了結論。面對大惑不解的學僧，鏡淸凝視著窗外，意味深長地說：

「我就是雨聲。」

佛教的緣起論指出，世界上萬事萬物都是各種因緣和合而成，「此有則彼有，此生則彼生。」所以，宇宙間的一切都是互相交替和融合的，我中有你，你中有我。禪家常說「張公吃酒李公醉」，所傳達的正是這一見地。至於鏡淸禪師，他沒入天地間的每一滴雨水中，物我兩忘，其深意亦在於強調生命的共感。

禪宗這種生命共感，孕育出對於一切存在（有生命和無生命的存在）的手足之情。當然禪宗眞正關心的還是人。趙州決心最先下地獄，他打算拯救的是那些充滿了不安或焦慮的「衆生」，而只有人才有這種不安或焦慮，動植物就沒有這一切。如此說來，禪宗所倡導的手足之情依然是在人類圈子之內。

說到禪宗的人生哲學，還必須提到圓悟禪師的兩句話：

有時灰頭土面即在萬仞峰頭，
有時萬仞峰頭即是灰頭土面。

按照世俗的看法，出世與不出世是根本對立的，前者超脫塵世，高踞萬仞峰頭；後者回到紅塵，普渡衆生。但禪宗以爲，禪者證見「佛性」後，還要發大慈悲心，回到污濁的塵世中普渡一切衆生；唯有在污濁的世間普惠衆生，才能眞正弘揚佛法。佛菩薩的法身只有一個，但爲了救渡衆生，隨緣應現，又有「千百億化身」。有人問：「如何是淸淨法身？」答曰：「灰頭土面。」灰頭土面即指隨緣應現、混同凡俗的種種化身。圓悟強調：一個禪者，入世時應保持高踞萬仞峰頭目視雲霄的智慧和心境，出世時不失其灰頭土面救渡衆生的熱誠與精神。灰頭土面即在萬仞峰頭，萬仞峰頭即是灰頭土面；萬仞峰頭與灰頭土面並無二般，切忌割裂開來。

有人問趙州：「佛是覺者，是一切衆生的大師，他一定完全免除了所有的煩惱，是嗎？」

趙州道：「不，他有最大的煩惱。」

「這怎麼可能！」

「佛的大煩惱就是要拯救衆生！」

據《法華經》說，菩薩永不進入最終涅槃，他要置身於衆生之中，教育和開悟他們；只要有助於衆生，他不辭任何苦難。維摩詰說：「我生病是因爲衆生皆病。只有當他們痊癒我才能痊癒。他們不斷受著貪、嗔、痴的侵襲。」菩薩是溫厚與慈悲的化身。

如果問：誰最後一個出地獄？答案必定是菩薩！

樂在禪中

佛教的核心之一是「樂道」，是在寧靜的心靈中獲得清澈透明的快樂。

原始的印度佛教，一向被認為有著強烈的厭惡人世的傾向。許多人批評它把人生之苦說得無以復加，並以苦行為其實踐目標。但這是對佛教的誤解。佛教的核心之一是「樂道」，是在寧靜的心靈中獲得清澈透明的快樂。

可以讀讀下面的詩句：

賢者，專心於精神的寧靜，在林中漫步，樹下瞑想，都會感到極大滿足。

比丘厭倦了，隱退了，在遠離世俗的地方徘徊，而在人間生活中表現不出的風采生命，豈不適合自然的事麼？

聖者不執著一切，無愛又無恨，悲傷和吝嗇都不沾染，恰如蓮葉上的水珠，出污泥而不染。

「在堅強的決心和嚴格的自我抑制中，有一種眞正發自內心的喜悅。」柳田聖山將這種樂道實踐概括爲「樂在禪中」，的確是非常精彩的。「佛陀放棄苦行，並非像當時的某種自由思想家那樣，唯獨肯定感覺的欲望和快樂。他拋棄的是快樂和苦行這兩極，在擇取合宜的中間道路，這時他發現一種清新的生活可以享受眞正意義上的道中之樂。」「一般認爲，原始佛教的無常觀，是具有神經質的厭世觀，其實絕非如此，佛教的根基，實際上是徹底的樂天情調，是對人類性的充分肯定。」

但眞正將「樂在禪中」發展爲一種有著重大影響的處世態度的，畢竟是中國的禪宗。

中國禪宗的特點之一在於它以人生爲主題表現，出對現實的人間生活的強烈興趣，即：平常心是道，佛法就在日常生活中。「佛法在世間，不離世間覺。」

玄沙師備是唐代的著名禪師。一個和尚千里迢迢來請他指點參悟之路。玄沙問他：「你剛才進山時，聽到潺潺溪水聲了嗎？」和尚說：「聽到了。」玄沙便說：「這就是你的悟入之處。」

玄沙師備的意思是：道就在日常生活之中。擺脫語言和邏輯的束縛，回到現實生活中去吧，飢來吃飯寒添衣，睏時睡眠熱吹風。只要任其自然，恰到好處，你便到達了悟道的境界。

有僧問洞山良價：「寒暑到來如何回避？」洞山答：「到那沒有寒暑的地方去。」僧又問：「哪裡是沒有寒暑的地方呢？」洞山答：「冷時冷死你，熱時熱死你。」

有人不懂這則公案，去向黃龍新和尚求教：「到底應該怎麼辦呢？」黃龍一語破的，指出：「安禪不必須山水，滅卻心頭火自涼。」

對一切境遇不生憂樂悲喜之情，不粘不著，不塵不染，這便是洞山良價和黃龍新和尚所提倡的。毫無疑問，我們是生活在一個紛擾的世界上，生活中常有令人沮喪的、令人煩惱甚至恐懼的事件。怎樣才能從煩惱與災難中超越出來，無憂無慮地享受人生呢？最爲行之有效的辦法是：「滅卻心頭火自涼。」在寧靜的心靈狀態中，我們體會到精神鬆弛的愉快。隨緣任運，便沒有什麼能傷害我們。正如唐代騰騰和尚的《樂道歌》所咏唱的：

修道道無可道，問法法無可問，迷人不了色空，悟者本無逆順。
八萬四千法門，至理不離方寸，試取自家城郭，莫漫尋他鄉郡。
不用廣學多聞，不要辯才聰俊，不知月之大小，不管歲之餘潤，
煩惱即是菩提，淨土生於泥糞，人來問我若為，不能共伊談論。
寅朝用粥充飢，齋時更餐一頓，今日任運騰騰，明日騰騰任運，
心中了了總知，且作佯痴縛鈍。

隨緣自適，便無處不可逍遙自在。騰騰和尚的這種人生觀，唐代的許多禪師都曾

給予認同。溈山靈祐常說：「道人之心，一切時中，視聽尋常，更無委曲。……如秋水澄渟，清淨無爲，澹無石以，喚他作道人，亦名無事人。」臨濟義玄也說：「佛法無用功處，只是平常無事，屙屎送尿，著衣吃飯，睏來即眠。」洞山良價甚至說：「心種種馳求，覓佛覓祖，乃至菩提涅槃，幾時休歇！……不如犁牛白牯兀兀無知，不知佛，不知祖，乃至菩提涅槃、善惡因果，但飢來吃草，渴來飲水。」他們所標示的這種呈現在平常生活中的風采，其實就是做一個「不離一切事」而又「不被諸境惑」的「自在人」，這令我們想起陶淵明「採菊東籬下，悠然見南山」的人生。

基督教曾提醒世人，人生中眞正的要務就是生活本身。只是衆生不曉，窮年放心外逐，生活在生活中卻向外找生活，把人生建立在外物上，而把自己內在的生命挖空。基督教認爲，眞正的生活就是當下的生活本身，眞正的人生就應該建立在當下的生活中。人生的目的就在此當下的生活中去尋求，生命的意義就在此當下的生活中去獲得。

從這一基點出發，基督教提出了克服人生焦慮感的方劑：「生活在今天，不焦慮將來。即使是在爲明天作準備，也把它當作今天應盡責任的一部分。」也許不是偶合，禪宗也教導我們專注於當下的生活，絕不將明天的重擔放入心中。芙蓉道楷說得好：「先聖教人，只要盡卻今時；能盡今時，更有何事？若得心中無事，佛祖猶是冤家。」

有源律師向慧海禪師請教：「和尚修道，還用功否？」慧海答：「用功。」「如何用功？」「飢來吃飯，睏來即眠。」「一切人總如是，同師用功否？」「不同。」「何故不同？」「他吃飯時不肯吃飯，百般須索；睡時不肯睡，千般計較，所以不同也。」慧海所說的「須索」、「計較」，即過多地考慮將來，而不懂得盡情享受今天的生活。

在人類生活中，唯一可以與生相提並論的主題是死亡。人死了，連軀體也很快就要改變性質，人，往日的言談，往日的風采，往日的精湛的思想，都跟著死亡走了，唯有令人痛苦的回憶伴隨著生者。這些，叫人如何不感傷？

但禪宗卻提出了「生死雙美」的命題。寒山子的詩說：

欲識生死譬，且將冰水比。
水結即成冰，冰消返成水。
已死必應生，出生還復死。
冰水不相傷，生死還雙美。

生與死的交替如春去夏來，循環往復，構成了動態的宇宙、社會、人生。死亡是向宇宙本體的回歸。

僧問子儀：「我師死後歸於何處？」
子儀答：「子今欲識吾歸處，東西南北柳成絲。」
僧問崇慧：「請問你死後何處去？」
崇慧答：「灊岳峰高長積翠，舒江明月色光輝。」
法明上座臨終示偈：「平生醉裡顛蹶，醉裡卻有分別。今宵酒醒何處？楊柳岸曉風殘月。」

這是何等靜穆美好的死亡境界！與宇宙同體，與自然同體，與山河同體，這是永恆的存在。

也許不應遺漏「日面佛，月面佛」的公案。據說，日面佛的壽命爲一千八百歲，月面佛的壽命只有一晝夜。馬祖大師身患重病，院主問候說：「近日身體如何？」大師怡然回答：「日面佛，月面佛。」是的，對一個參透了生死之道的禪師來說，活一百歲與活一晝夜都是美好的，其歸宿都是「永久的家鄉」。死亡意味著新生命的產生。

禪宗的悟與公案

禪是不可思議的，又是無限親切的。平常心是道，人類的求知欲和好奇心在此無用武之地。

禪門以不著語言、不立文字、直指本心、見性成佛爲宗旨。即心即佛，一切現成。歸結到一點，即對於悟的強調。

悟的基點是「自覺」，絕不在故紙堆裡討生活。相傳，佛一出生，就一手指天，一手指地，周圍走了七步，大聲宣告：「天上地下，唯我獨尊！」有僧問雲門文偃，佛的話是什麼意思？文偃說：「可惜我當時不在場。我要在場的話，一棒子打死餵狗，貴圖天下太平。」這位僧人聽了，如墜五里霧中。但一位禪宗大家卻推崇雲門道：「這正是雲門將其全身心奉獻於世的態度，他對佛的感激之情是無法言說的。」

雲門文偃呵佛罵祖，爲什麼卻被推崇爲對佛具有無限的感激之情？原來，禪宗格外強調思想的獨立性和創造性，反對依賴和盲從一切外在的權威，包括佛祖。所謂「寧可永劫受沉淪，不從諸聖求解脫」（石頭希遷語），所謂「從門入者，不是家珍」，「若欲播揚大敎，一一從自己胸襟流出，將來與我蓋天蓋地去」（岩頭語）；都顯示出一種憑覺性的智慧，直接領會人生與宇宙諸法的實相，絕不在故紙堆中討生活的宏偉氣象。

宋朝禪師大慧宗杲的門下，有個名叫道謙的和尙。他參禪多年，卻仍未發現禪的奧秘。師父派他出遠門去辦事，道謙非常失望，在他看來，出門在外是沒法參禪的。

同門和尚宗元對道謙非常同情，說：「我和你一同去吧。我想我可以盡力幫助你，使你在路上繼續參禪。」在途中，道謙向宗元訴說了自己參禪已久卻不能悟道的苦惱，並請宗元幫忙。宗元說：「凡我所能幫你的事，我都盡力而爲。但有五件事，我不可能幫助你，必須你自己去做。」

道謙忙問是哪五件事。宗元說：「你飢渴時，我的飲食不能填你的肚子，你必須自己飲食；你想大小便時，我也不能幫你，你必須自己來；另外，你的身子，只能靠你自己馱著往前走，別人替不了你。」道謙聽了，豁然開朗。

道謙明白了什麼呢？參悟是自己的事，只能靠自心自性。道謙在悟道之後，不久回到了大慧身邊，大慧讚許道：「你這次連骨頭都換了！」

一次，臨濟義玄去拜訪達摩的骨灰塔，守塔的和尚問：「你是先拜佛，還是先拜祖呢？」

臨濟道：「佛和祖，我都不拜！」

塔主感到奇怪，質問道：「佛和祖與你有什麼冤仇？」

臨濟聽了，拂袖而去！

臨濟曾諄諄告誡他的弟子：

「如今學道人，且要自信，莫向外覓。總上他閒塵境，都不辨邪正。祇如有祖有佛，皆是教跡中事。」（如今學習禪道的人，切要對自己有信心，莫向自己之外去尋覓什麼。如果你們這樣做，就會被不重要的外在事物所牽引，辨別不出對與錯。比如人們常說有佛有祖，但那其實只是眞正的法所遺留下來的痕跡。）

「大器者，直要不受人惑，隨處作主，立處皆眞。」（大丈夫絕不應受人的迷惑。不論他走到哪裡，他都是自己的主人。他完全是獨立的！）

這便是禪宗的獨立性原則，這便是「自覺」——悟的基點。

從對自心自性的尊重出發，禪宗的悟，旨在發現宇宙間萬事萬物的本來面目。鈴木大拙曾這樣闡述禪的基本目標：「禪就其本質而言，是看入自己生命本性的藝術，它指出從枷鎖到自由的道路……我們可以說，禪把儲藏於我們之內的所有精力做了適當而自然的解放，這些精力在通常的環境之中是被擠壓被扭曲的，因此它們找不到適當的通渠來活動……因此禪的目標乃是要救我們免於瘋狂或殘廢。這就是我所意謂的自由，是要把秉具在我們心中的一切創造性與有益的衝動自由展示出來。」

據艾利克·弗洛姆分析，我們人的意識與潛意識，是受社會制約的。凡是能夠通過社會的三重過濾器（語言、邏輯和禁忌）的情感和思想，我們都能夠察覺。凡是不能通過過濾器的經驗，都留在知覺之外，這就是說它們是潛意識的。一般人雖自以爲是醒著的，實際上卻是半睡。「半睡」二字，是說他與事實的接觸是十分片面的：他所以爲的事實，大部分只是由他的頭腦所構築的一組假象；他對於事實眞象的察覺，只以他的社會作用之所需爲限。由於意識只代表著由社會模式所模造的那一小部分經驗，而潛意識則代表著四海皆同的人之富源與深度，因此，對潛意識的抑制狀態會導致下述結果，即：我，這個偶然的、社會的人，與我整個的人性的人被分開了。我對自己是陌生人，正如同每個人都成了我的陌生人一般。我從那人性經驗的巨大領域被切斷了，我只是人的一片碎片，是一個殘廢，這個殘廢只體驗到他自身之內和他人之內實況的一小部分。

爲了看入自己的生命本性，爲了免於精神的殘廢，禪宗反覆地提出一個問題：「什麼是你的本來面目？」亦即：在意識尚未產生時，你未受抑制的生命狀態是怎樣的？

相傳，五台山智通禪師初從歸宗學禪，一天夜晚，他忽然高聲連叫：「我開悟了！我開悟了！」次日，歸宗問他悟到了什麼，智通充滿自信地說：「尼姑原是女人作！」得到歸宗的印可。

無獨有偶，道元禪師在中國學禪回日本後，和人談起他十年的修煉心得，說：「我領悟到了一個最深刻的眞理：眼睛是橫著長，鼻子是豎著長的。」

所謂「尼姑原是女人作」，所謂「鼻頭向下」，這都是何等平常的事，然而又正是意識所忽略的。正如惠洪所說：「脫體現前無躲避，鼻頭向下少人知。」能夠體會出這擺在眼前的事實，能夠不爲社會模式所限制，能夠以一顆平常心去接近世界，這便獲得了精神的自由，這便把握住了自己的生命本性。

禪宗的悟，是參悟者自己的事。所以，一個禪師，必須依靠獨自的力量來完善自己。本來他們也有老師，但老師並不對他們說明什麼是禪。依靠老師的說明引導弟子得悟是不可能的。那麼，老師就不起引導弟子的作用了嗎？也不。公案便是老師開啓弟子的重要工具。

公案原指官府判決是非的案例。禪宗借用來指前輩祖師的言行範例，以供參學者從中領會禪的旨趣。它包括古代禪師的逸事，禪師與弟子間的問答，以及禪師的語錄等。

據說公案有一千七百則。較早的公案集子有雪竇重顯（九八〇—一〇五二）的《頌古百則》。在這基礎上，宋代禪僧圓悟克勤編成《碧岩錄》（又稱《碧岩集》）十卷。本書在錄出「百則」的每一則之前，先加「垂示」，以作提示，列出「本則」後，著語評論，介紹公案提出者的略歷，並就其警句加以評唱，自作頌語，最後又評唱之。是中國禪宗臨濟宗的主要典籍，對日本禪宗也有相當大的影響，向有「禪門第一書」之稱。

談到公案對弟子的啓示作用，我們必須避開理智，避開說明，因爲悟不可能存在於理智和說明中。那麼，如何面對公案呢？一位朝鮮禪師在他所編的《禪學寶鑒》（成書於一五七九年）中描述了參公案時的心理狀態：

參禪者所需要的是見活句，而不是見死句。試試去尋你所面對的公案的意義，把所有的心力都放在這上面，要像母雞孵小雞、貓兒捕老鼠一樣，要像飢者找食物、渴者尋水喝一樣，要像小孩想母親一樣。

如果這樣的執著，遲早會明了公案的意義。

公案中沒有任何理智的線索，沒有一點令你興奮的東西，它平淡無味，使你感到不安和煩躁。當你達到這種狀態時，那就是你丟掉劍鞘，把自己投入深淵的時刻，也是爲成佛而奠定基礎的時刻。

不要以爲公案的意義在於你把它提出來解釋的時刻；不要對它作推理活動，或對它產生妄想；不要藉除去心中妄念而等待悟降臨到自己身心上；只集中心力在你的心顯然控制不到的公案的不可理解之處。最後，你會發現自己像跑到穀倉最遠角落的老鼠一樣，由於完全改變方向而突然在那裡發現一條通路。

這段話的意思不難理解。公案不能靠語言和邏輯來闡述，公案擋住了我們心智的去路，它逼我們跳入生命的深處，在絕望的一躍中徹悟我們的本源自性。

有僧問智門禪師：「蓮花未出生時如何？」

智門說：「蓮花。」

又問：「蓮花出水後如何？」

智門說：「荷葉。」

這是一則極美的公案，但又甚是奇特。如果你從字面上去尋求，便愈求愈遠，摸不著邊際。但在字句後面，當你超越意識，回歸於沒有一絲雲翳的潛意識之境時，你便體會到了極深的禪機。

一個和尙問洞山良價：「什麼是佛？」

洞山答道：「麻三斤。」

圓悟禪師評論道：「這個公案，多少人錯會，直是難咬嚼，無隙可以下口。何故？因爲洞山的話淡而無味。古人有許多答佛的話頭，有人說坐在佛堂者便是，有人說三十二相，更有人說杖林山下竹筋鞭。到了洞山，卻說「麻三斤」，索性截斷古人話頭。有人說洞山那時正在庫下稱麻，所以如此回答；又有人說洞山故意問東答西；還有人以爲，由於問話者不明白自身即佛，故洞山婉轉啓發他。」

圓悟禪師所說的這些「錯會」者，都未能了解洞山的眞意。爲什麼呢？因爲，所有的公案，都如一把生銹的鎖，靠理智的鑰匙去捅，即使費盡全身力氣，那也無濟於事。但當參公案者累得精疲力盡，癱倒在地，不禁驀然回首時，他卻發現了藍天、白雲與山花爛漫的大地；一切都洋溢著自然生命的飽滿精神，猶如魚躍淵底、鳶飛於天。這種對宇宙生生不息的直觀和體認，便是禪的神韻所在。

禪是不可思議的，又是無限親切的。平常心是道，人類的求知欲和好奇心在此無用武之地。

禪宗與中國文學

禪是對迷途者的呼喚，禪為文學家觀照人生提供了一雙睿智的眼睛。

禪宗對中國文學的滲透與影響，是個極有魅力的話題。禪與詩的關係尤其引人注目。

表面看去，禪與詩是不相干的，前者屬於人生哲學，後者屬於藝術。但它們都注重對宇宙本體的直覺，注重對人生充滿生機的領悟，注重言外之意、弦外之音，於是，二者便自然地有了溝通。北宋末年的吳可有《學詩詩》三首，以禪喻詩，即旨在揭示二者的聯繫。詩云：

學詩渾似學參禪，竹榻蒲團不計年。
直待自家都了得，等閒拈出便超然。

＊＊＊＊＊

學詩渾似學參禪，頭上安頭不足傳。
跳出少陵窠臼外，丈夫志氣本衝天。

＊＊＊＊＊

學詩渾似學參禪，自古圓成有幾聯？
春草池塘一句子，驚天動地至今傳。

第一首強調學詩必須經歷一個長期的修養過程，將整個身心寄託於此；當你從恍惚中清醒過來而達到了悟之境時，如人飲水，冷暖自知，信手拈來，即至超然境地。第二首強調詩人自身獨創性的重要，如同禪宗絕不迷信佛祖和經典一樣，詩人也不能陷於因襲模仿的泥淖，哪怕是對詩聖杜甫，也要勇於超越。第三首標舉圓成，推崇自然、完整的詩境，也與禪宗「若論佛法，一切現成」的見地一脈相承。

以禪喻詩是一個方面，以詩入禪又是一個方面。如鈴木大拙所說，禪在詩中比在哲學中更容易找到它的表現形式。因爲，禪不是知性的，而是知覺的、直感的，禪對詩的偏好，也就難以避免。有些公案本身就是引人入勝的詩，或展現了明澈新鮮的詩境。

比如下面的幾則：

長沙鹿苑招賢大師，機鋒甚是敏捷。一天遊山回來，首座問：「和尚去了哪裡？」

長沙說：「遊山。」

又問：「遊了哪些地方？」

長沙順口頌道：「始隨芳草去，又逐落花回。」

首座讚道：「大似春意。」

長沙卻說：「也勝秋露滴芙蕖。」

這是不是詩？

唐代的陸亙大夫去參見南泉。他問：「僧肇法師說：『天地與我同根，萬物與我一體。』也太奇怪。」

南泉用手指了指庭院裡的花，答道：「時人見這一株花，如夢相似。」

庭院中的花，有人視而不見；有人見了，如夢中一般。只有物我兩忘，突破了物我界限的人，才能體會出「天地與我同根，萬物與我一體」的眞義，才能領悟鮮花之美。

這是不是詩境？

雪竇重顯禪師有一首詩頌：

看！看！古岸何人把釣竿？
雲冉冉，水漫漫，明月蘆花君自看。

白雲冉冉，碧水漫漫，明月映蘆花，蘆花映明月。這是何等明淨澄澈！在紅塵中迷途的人聽了，不覺頓生嚮往之心。

跟以詩入禪形成對照的是以禪入詩，主要表現在詩人們的創作中。或以寺廟、佛塔、梵音為詩的題材，或點化禪宗機鋒而造成理趣，或在對於山水隱逸的描寫中寄寓禪意。

第一類如元代揭傒斯的《煙寺晚鐘》：

朝送山僧去，暮喚山僧歸。
相喚復相送，山靄濕人衣。

在詩中作者沒有單純地表現鐘聲如何悠揚，如何回蕩在自己的耳邊，而是將鐘聲與山僧「相喚復相送」的親密關係展示出來，體現出一種既平實又永恆的人情意味，賦予了鐘聲以不同尋常的意趣。

第二類如北宋蘇軾的《題沈君琴》：

若言琴上有琴聲，放在匣中何不鳴？
若言聲在指頭上，何不於君指上聽？

《楞嚴經》說：「譬如琴瑟琵琶，雖有妙音，若無妙指，終不能發。」這一設想本來就別有情趣，蘇軾由此生發，提問道：如果說琴本身就有琴聲，那麼，放在匣中爲什麼不能自鳴呢？如果說聲音發自指頭之上，那麼，爲什麼又不能在你指頭上聽到呢？問得天眞，問得詼諧，故情趣盎然。

更值得重視的是第三類作品，其數量最多，成就也最高。而格外有代表性的作家是唐代的王維。比如他的《鳥鳴澗》：

人閒桂花落，夜靜春山空。
月出驚山鳥，時鳴春澗中。

《竹里館》：

獨坐幽篁裡，彈琴復長嘯。
深林人不知，明月來相照。

《辛夷塢》：

木末芙蓉花，山中發紅萼。
澗戶寂無人，紛紛開且落。

胡應麟《詩藪·內編》卷六說：「太白五言絕自是天仙口語，右丞卻入禪宗，如『人閒桂花落』、『木末芙蓉花』，讀之身世兩忘，萬念皆寂，不謂聲律之中有此妙詮。」施補華《峴傭說詩》也以爲：「輞川諸五絕，淸幽絕俗，其間『空山不見人』、『獨坐幽篁裡』、『木末芙蓉花』、『人閑桂花落』四首尤妙，學者可以細參。」空、靜、寂，這是禪宗的佳境所在，當它們化爲詩句，詩情與禪意融爲一體，當然別具情味。人類的智慧與靈感，在這裡達到了眞正的一致。

在詩之外，禪宗對中國的小說、戲曲亦甚有影響，著名的小說人物如觀音、濟公和哪吒，均來自佛教，禪宗的若干重要儀式如參禪、圓寂等也常被描寫，有些作品如《南海觀世音菩薩出身修行傳》更完全是關於佛的傳說。

尤能引起讀者興趣的是小說中的另一現象：禪宗的人生態度滲入到了人物的心靈中，而無論這一人物是否出家。比如《紅樓夢》中的賈寶玉。面對自然界的春去秋來，花開花落，面對人世間的爾虞我詐，聚散無常，盛衰更替，他感到失望，感到悲哀。在悲哀和失望之餘，他選擇了出世思想來撫慰心靈，由此可見佛教，特別是禪宗對他的吸引力。至於《紅樓夢》中的太虛幻境，則更是對芸芸衆生的警醒；一縷縷令人蕩氣迴腸的禪意，從夢幻空花中飄出，引人走出迷途。

禪是對迷途者的呼喚，禪爲文學家觀照人生提供了一雙睿智的眼睛。

禪與人生

時時勤拂拭

身是菩提樹，心如明鏡台。
時時勤拂拭，莫使惹塵埃。

神秀是中國北宗禪的開創者。俗姓李，唐代汴州尉氏（今屬河南）人。少覽經史，博學多聞，既而奮志出家。到蘄州雙峰山東山寺見弘忍（禪宗五祖），從事打柴汲水等勞役以求法。如此六年，深爲弘忍所器重，認爲「東山之法，盡在秀矣」，命爲上座，並令爲「教授師」。

相傳，弘忍爲了選定付以衣法的人，曾令門人各作一偈，神秀作了一偈說：

身是菩提樹，心如明鏡台。
時時勤拂拭，莫使惹塵埃。

弘忍看見此偈，只說依此修行也有大利益，但不許可他見自本性，終於將衣法傳給慧能。

神秀的偈語以漸修為修行的核心。其實，禪宗初祖菩提達摩就是主張漸修的，他的禪法，以「壁觀」為標誌。所謂壁觀，即心如壁立，完全停止對外在世界的認識，連自己的呼吸也感受不到，經過這樣長期的修行，就可與自身先天具有的「佛性」相契合。達摩的壁觀法，其理論依據是《楞伽經》。《楞伽經》中，大慧菩薩問佛：「如何除一切衆生自心現流，為頓為漸？」佛告大慧：「漸淨非頓，如庵羅果漸熟非頓，如來淨除一切衆生自心現流亦復如是，漸淨非頓；譬如陶家造作諸器漸成非頓，……譬如大地漸生萬物非頓生也，……譬如人學音樂書畫種種技術漸成非頓。如來淸除一切衆生自心現流亦復如是，漸淨非頓。」

這裡用了幾個比喻說明漸修的合理性：陶工燒製陶器，不可能頃刻即成；大地生長萬物，不可能頃刻成熟；人們學習音樂書畫，種種技術不可能頃刻掌握；同樣，要淸除「一切衆生自心現流」，也不可能一蹴而就。神秀禪法強調「時時勤拂拭，莫使惹塵埃」（禪定工夫必須持之以恆，以免心靈沾染外界塵埃），算得對漸修理論的精粹表達。他在弘忍圓寂後，大張漸修禪法，數十年內，「兩京之間皆宗神秀」，並非偶然。

印度《白騾子仙人奧義書》（出現於公元前二五〇年左右）第二章說：

讓身體的三個部分（胸、頸、頭）啊，一直保持向上舒展；
讓各個感官連同意識，注入心臟吧。
他就會在梵舟之中，蕩滌精神，
渡過佈滿恐懼的河流。
要止住呼吸，要克制運動，在悄然無息中由鼻孔吐氣；
猶如危坐烈馬驚車，慎重地蕩滌精神，
集中自己的意識。

這種瑜伽實踐，與達摩、神秀的漸修法看來是相通的。

北宗的頓悟

「猶如伐木，片片漸砍，一時頓倒」；又如遠赴都城，「步步漸行，一日頓到」。北宗的頓悟，實質還是漸修。

唐代的定慧禪師宗密說：「北宗但是漸修，全無頓悟。」意思是：北宗禪全主漸修，毫無頓悟思想可言。

宗密的話不一定符合事實。因爲神秀在《大乘無生方便門》中說過：「一念淨心，頓超佛地。」他在《觀心論》中也說：「超凡證聖，目擊非遙，悟在須臾，何須皓首。」表達的都是頓悟思想。

於是，就提出一個問題：北宗的頓悟與南宗的頓悟有什麼區別呢？

南宗的頓悟，認爲只要消除妄念、性體無生，則刹那成佛，無須緩緩靜修。神會用一個精彩的比喻來說明這種頓悟，叫做「利劍斬束絲」。他說：「譬如一縷之絲，其數無量，若合爲一繩，置於木上，利劍一斬，一時俱斷。絲數雖多，不勝一劍。發菩提心，亦復如是。」既然煩惱妄念可以「一時俱斷」，那麼，剎那之間成佛就是完全有可能的。

北宗的頓悟則以漸修爲前提。「猶如伐木，片片漸砍，一時頓倒」；又如遠赴都城，「步步漸行，一日頓到」。它是經過長期修持後的恍然大悟，即所謂「以定發慧」。定，指專注一境而不散亂的精神狀態：心不起妄念，順視線向下凝望，把精神集中到內部，或者向外部游曳，把心力定住。如此認眞地實踐冥想，最終便能臻於離念之境（把明鏡的客塵拂去）。

北宗的頓悟，實質還是漸修。

菩提二偈

菩提本無樹，明鏡亦非台。本來無一物，何處惹塵埃。

慧能是中國禪宗的第六祖，南宗禪的開創者。他俗姓盧，祖籍范陽（今河北涿縣），出生於盧東新州。幼年喪父，家境貧困，靠賣柴養母。一天，慧能聞客店有人誦《金剛經》，突然「心明便悟」。問此經何處得來，客人告訴他，從黃梅東馮墓山弘忍禪師受持此經。慧能因之有尋師之志。後輾轉來到黃梅東山，一見即大受弘忍賞識，但說他根性太利，便派他到槽廠去舂米。

當時，東山禪衆多達七百餘人，而慧能僅踏了八個月的碓即從中脫穎而出。相傳弘忍爲了選定法嗣，命各門徒作偈呈驗。

上座弟子神秀的偈語是：

身是菩提樹，心如明鏡台。
時時勤拂拭，莫使惹塵埃。

一時傳誦全寺。慧能聽人誦這一偈，以爲「美則美矣，了則未了」，便改作一偈，請人寫在壁上：

菩提本無樹，明鏡亦非台。
本來無一物，何處惹塵埃。

這是通行本的文字。敦煌本《壇經》略有區別：

菩提本無樹，明鏡亦非台。
佛性本清淨，何處惹塵埃！

「佛性本清淨」與「本來無一物」意思相近，都強調「心性本淨」，即慧能所說：

人性本淨。
世人性本清淨，萬法在自性。
菩提般若之智，世人本自有之。

世人性淨，猶如清天，惠如日，智如月。

天常清，日月常明，為浮雲蓋覆，上明下暗，忽遇風吹雲散，上下俱明，萬象皆現。

這眞是南宗禪的宣言！在慧能看來，心本是淸淨的，談不上被塵埃污染的問題；只要明心見性，便可頓悟成佛。

慧能的偈語大受弘忍賞識。五祖遂於夜間召見慧能，試他的禪學造詣。五祖再三問他「應無所住而生其心」的意旨，他言下大悟，道：「一切萬法，不離自性，何期自性，本自清淨；何期自性，本不生災；何期自性，本自具足；何期自性，本無動搖；何期自性，能生萬法。」五祖隨即傳以衣鉢，並親送慧能渡江南行；臨別又叮囑他暫作隱晦，待時行化。

慧能承受五祖的心傳，這標誌著南宗禪得到了印可；爲區別二者以「漸悟」爲特點的神秀一派，便被稱爲北宗。

菩提三偈

身是菩提樹，心如明鏡台。塵埃即無佛，無佛即塵埃。

禪宗歷代相傳，五祖弘忍爲選嗣法弟子，曾命大家各作一偈。當時神秀作偈，弘忍以爲「未見本性」。慧能也作一偈，得到弘忍印可，並密傳衣法，是爲禪宗六祖。

近代佛教學者楊度（一八七五—一九三二）對這一著名公案，重新做了解釋。他認爲神秀、慧能二偈，均未見本性，於是再作一偈，名爲「菩提三偈」。偈云：

身是菩提樹，心如明鏡台。
塵埃即無佛，無佛即塵埃。

楊度並且說：神秀的偈是佛子偈，慧能的偈是菩薩偈，他本人的偈則是佛祖偈。由佛子而菩薩而佛祖，層層遞進，後來居上。

楊度的偈眞的比神秀、慧能二偈高明嗎？

照楊度自己的解釋，對這問題的答案是肯定的。楊度指出：世間佛子，必須通過三關才能到達究竟佛地。本來衆生皆有佛性，只因自心自迷，才產生了種種魔境。以後通過修習，有所領悟，但還未能佛、魔兩空。這種境界，名爲「第一關」。由此精進，達到「本來無佛，亦無衆生；一念不生，萬緣俱寂」的境界，是爲「第二關」。由此再進，臻於「煩惱即是菩提，生死即是涅槃」，「心、佛、衆生，三無差別」，「時時皆佛，處處皆佛」的境界，是爲「第三關」。在楊度看來，「神秀一偈，爲相對心。心內有塵，自分淨垢；諸塵非淨，一心無垢。是第一關，名佛子偈。」「六祖一偈，非相對心。內心無塵，何淨何垢；淨心亦無，垢塵何有。是第二關，名菩薩偈。」「今作一偈，爲絕對心。心外無塵，衆生佛祖，即垢即淨，即空即有。是第三關，名佛祖偈。」

菩提三偈的優劣，您以爲如何？

福田與功德

功德須自性內見，不是布施、供養之所求也，是以福田與功德別。

禪宗初祖達摩東來，在金陵見到了梁武帝蕭衍。梁武帝問：「朕造寺渡人，造像寫經，有何功德不？」達摩說：「無功德。」不料，這位曾捨身同泰寺、篤信佛教的天子，聽了這話老大不高興，致使達摩只好渡江到嵩山的少林寺去傳法。

慧能在《壇經》中談到這件事，對梁武帝提出了非議：「功德須自性內見，不是布施、供養之所求也，是以福田與功德別。武帝不識眞理，非我祖師有過。」在慧能看來，福田與功德是不容混淆的。福田只是布施、供養，而功德卻不離自性，前者是外在的，後者是內在的。功德非福田所能及。

淨土宗等佛家宗派是極力主張造寺、布施、供養、念佛的，《無量壽莊嚴清淨平等覺經》說，願生淨土的人有三輩。一是上輩，凡出家沙門，一心專念阿彌陀佛，修諸功德，願生彼國。這輩人臨死時，阿彌陀佛率大衆親來迎接。二是中輩，雖不能出家作沙門，但能大修功德，奉持齋戒，起立塔像，飯食沙門，懸繒燃燈，散花燒香，這輩人臨死時，阿彌陀佛化身來迎接。三是下輩，不能作諸功德，但能一心念阿彌陀佛，不生疑惑，臨死時，夢中見佛，得往生淨土。

淨土宗所說的功德，即禪宗所說的福田。淨土宗把營造塔廟、布施、供養放在第一位，對惡人具有助惡的作用。因爲，按照這一派佛教的邏輯，《金瓶梅》中西門慶的話便成了天經地義：「咱聞那佛祖西天，也只不過要黃金鋪地；陰司十殿，也要些楮鏹營求。咱只消盡這家私廣爲善事，就強姦了嫦娥，和姦了織女，拐了許飛瓊，盜了西王母的女兒，也不減我潑天富貴。」西門慶說的「善事」，即布施之類。禪宗主張自內求佛，不假外佛，反對建造塔廟等行爲，以爲但令心淨，此間即是，何處別有西方淨土。禪宗的主張無論在理論上還是在實踐上都有較多的合理性。

清代梁紹壬的《兩般秋雨庵隨筆》卷六《和尚破葷》記載：

人饋得心大師雞子若干枚。師大呑咽，作偈曰：「混沌乾坤一殼包，也無皮骨也無毛。老僧帶爾西天去，免在人間受一刀。」是大慈悲，大解脫。張獻忠攻渝，見破山和尚，強之食肉。師曰：「公不屠城，我便開戒。」獻忠允之。師乃食肉，說偈曰：「酒肉穿腸過，佛在當中坐。」是大功德，大作用。

身爲和尚，卻吃蛋食肉，這是淨土宗所不能容忍的。但從禪宗的立場看，其自性清淨，正是大慈悲，大功德。自內求佛，不假外佛，禪宗是信奉人內在的純潔與善的。

禪定新解

諸法空寂，佛無定相，禪定的關鍵不在於長坐，而在於悟，悟則坐臥皆禪，不悟則坐臥皆非禪。

戒、定、慧合稱佛教三學。其中，定即禪定，指修持者思慮集中，觀悟佛理，滅除情欲煩惱。它以靜坐爲特點，所謂「久坐必有禪」，就是對禪定這種修行方式的認可；而「試扣禪關，遍參叢席，誤了幾多年少」，則是對這種修行方式的批評。

北宗禪是提倡住心坐禪的，而南宗禪卻反對凝心靜坐。《壇經》記載有這樣一件事：禪宗自五祖弘忍以後，分為南能（慧能）北秀（神秀）兩派。神秀聽說慧能在南方大講頓悟，便派門人志誠去偷聽，並叮囑道：「但坐聽法，莫言吾使汝來。汝若聽得，盡心記取，卻來說吾。」志誠到曹溪後，一聽慧能講法，言下便悟，隨即禮拜慧能，說明了自己的身分、來意。慧能向志誠詢問神秀的法門，志誠答曰：住心觀靜，長坐不卧。慧能聽了，當即表示否定：「住心觀靜，是病非禪；長坐拘身，於理何益！」並作一偈曰：「生來坐不卧，死去卧不坐。一具臭骨頭，何為立功課。」

這故事也許是南宗後學編出來的，但從它表明了南宗反對住心坐禪的態度而言，故事是編得很好的。

慧能反對住心坐禪，為了闡述他的這一主張，還對禪定做出了新的解釋：

外離相為禪，內不亂為定。

外禪內定，故曰禪定。

若見諸境不亂者，是真定也。

照慧能的解釋，諸法空寂，佛無定相，禪定的關鍵不在於長坐，而在於悟，悟則坐臥皆禪，不悟則坐臥皆非禪。

一則禪宗公案說：王常侍與慧照禪師一起來到僧堂，王問：「這一堂僧還看經麼？」師云：「不看經。」王問：「還學禪麼？」師云：「不學禪。」王云：「經又不看，禪又不學，畢竟作什麼？」師云：「總教伊成佛作祖去。」

不看經，不坐禪，卻能成佛作祖；慧照禪師的話，意在強調明心見性的重要性。正所謂：

了性即知當解脫，何勞端坐作功夫！

佛法在世間

《六祖壇經》說：

佛法在世間，不離世間覺，離世覓菩提，恰如求兔角。

原始的佛教，本來散發出濃郁的厭世氣息。「執著的愛帶來痛苦，隱藏怨毒，增長輪迴，積累百般欲望，引起大煩悶。如果拋棄這種愛，按照常規想法而冥想，這時的人就得到沒有比這更大的喜悅了。」「安然地除掉內心的污垢、憂慮與放蕩，拉開門栓，無樹木、無弓矢、無一點污穢，一切無所有而冥想，這時的人就得到沒有比這更大的喜悅了。」這種佛陀的冥想，前提是出家和獨居，忘卻人世，忘卻實際的生活。

禪宗卻對人們的日常生活懷有強烈的關注。如慧能所說，「佛法在世間」，聖人不是超越一切的神，而是人間的榜樣；真正的祖師，真正的佛，其實就是體現了佛家理想人格的人。佛法與世間的關係，猶如蓮之出於淤泥。如果蓮花與污泥脫離，只是放在清水中或虛空中，則無法吸收滋養，必然不能生存。所以，佛法主要解決人生問題，並不是在人生問題之外去另外解決什麼問題。

文殊菩薩一日令善財採藥，曰：「是藥者採將來。」善財遍觀大地，無不是藥。卻來白曰：「無有不是藥者。」殊曰：「是藥採將來。」善財遂於地上拈一莖草，度與文殊。

藥即佛，草即世界。無草非藥，也就是說，無世界不是佛。故「世間之眞際即是涅槃際」，「世間與涅槃無有少分別」。

現代高僧太虛由上述傳統出發，大力提倡人間佛教。他在《怎樣來建設人間佛教》一文中指出：「佛」是「覺者」的意思，「故佛非宇宙萬有的創造者，亦非宇宙萬有的主宰者，乃是宇宙萬有實事眞理的覺悟者；將佛親自所覺悟的道理，如實說出來，而使人也依之去行，便是佛教。」「菩薩」也不是普通人所認爲的偶像，而是「求覺悟的有情衆生，即隨佛修學、立志成佛的佛弟子。」所以，「佛是使人覺悟而趨向光明的指導者。」「人間佛教，是表明並非教人離開人類去做神做鬼，或皆出家到寺院山林裡去做和尙的佛教，乃是以佛教的道理來改良社會，使人類進步，把世界改善的佛教。」

挑水砍柴，無非妙道！

人應該詩意地棲居在地球上。

若欲修行，在家亦得，不必在寺。

莫作「自了漢」

禪宗不只是追求一己的了脫生死，而以捨己爲人、救世救衆生的大願爲中心信念。

「自了漢」三字，是中國禪宗對小乘佛教的評語。

相傳，黃蘗希運禪師在遊方天台時，路遇一僧，相貌奇異，目光照人。兩人像老相識似的，一起趕路。

途中遇到了一條小溪。時值溪水暴漲，黃蘗決定停止前進。那僧拉他同渡，黃蘗說：「你先請吧。」那僧便提起衣服，飄然而渡，如履平地；還回頭說：「渡過來，你也渡過來呀。」

黃蘗罵道：「這個只顧自己的傢伙！早知你是這種人，我非砍斷你的腿不可！」

那僧嘆道：「眞是大乘法器！」說完就消失了。

小乘唯求自渡，大乘則要普渡衆生。

佛教分大乘、小乘兩個派別。小乘佛教比較接近釋迦牟尼說教的原意，追求個人自我解脫，把「灰身滅智」、證得阿羅漢作爲最高目標。所謂阿羅漢，即「阿羅漢果」，是小乘佛教修行的最高果位，又稱「無極果」、「無學果」。包括三義：

1.「殺賊」，謂殺盡一切煩惱之賊。

2.「應供」，謂應受天人的供養。

3.「不生」（或「無生」），謂永遠脫離這個世界的生死輪迴，長住於淸虛寂靜的道果之中。

小乘佛教厭離世間，自求適意，與中國古代的隱士哲學相通。

大乘佛教則把成佛渡世、建立佛國淨土作爲終極目標。它認爲本身解脫是小事，要渡盡一切有情，使皆成佛，自己才由菩薩位進入佛位。比如地藏菩薩，他受釋迦牟尼佛囑咐，在釋迦旣滅、彌勒未生之前，自誓必盡渡六道（地獄、餓鬼、畜生、阿修羅、人間、天上）衆生，始願成佛。他現身於人天地獄之中，以救苦難。再如觀世音菩薩，大慈大悲，遇難衆生只要誦念其名號，「菩薩即時觀其音聲」，前往拯救解脫。大乘藐視小乘只求自利（「自了」），最高不過得阿羅漢果；自己則以利他爲宗旨，可得菩薩果以至得佛果。大乘菩薩的誓言，如：「虛空有盡，我願無窮」，「地獄未空，誓不成佛」，所表達的救世深情，確乎是美麗而高尚的。

中國的禪宗也以慈悲救世爲立足點。禪宗自稱教外別傳，但最終目的仍是入世利生，實行大乘菩薩救世之道。現代高僧太虛說：「佛學的宗旨與目的，簡單地概括起來，不過是自利利他而已。」禪宗稱小乘為「自了漢」，也就表明，禪宗不只是追求一己的了脫生死，而以捨己為人、救世救衆生的大願為中心信念。

清代紀昀的《閱微草堂筆記》卷一記載：

無雲和尚，不知何許人。康熙中，掛單河間資勝寺，終日默坐，與語亦不答。一日，忽登禪床，以界尺拍案一聲，泊然化去。視案上有偈曰：「削髮辭家淨六塵，自家且了自家身。仁民愛物無窮事，原有周公孔聖人。」佛法近墨，此僧乃近於楊。

墨子主張摩頂放踵以利天下，楊朱則不肯拔一毛以利天下；楊朱近於小乘，墨子近於大乘。無雲和尚身為禪師，卻提倡「自家且了自家身」，所以紀昀感到意外。這也可見，「自了」是不符合禪宗的一貫原則的。

身貧道不貧

窮釋子，口稱貧，實是身貧道不貧。
貧則身常披縷褐，道則心藏無價珍。

玄覺禪師的《永嘉證道歌》有云：「窮釋子，口稱貧，實是身貧道不貧。貧則身常披縷褐，道則心藏無價珍。」這可說是禪師們的豪邁宣言！

唐末五代的詩僧貫休，俗姓姜，字德隱，婺州蘭溪（今屬浙江）人。七歲出家，雲遊四方。後入蜀定居，蜀主王建賜號「禪月大師」。入蜀之前，他曾以詩投獻吳越國王錢鏐，其中有「滿堂花醉三千客，一劍霜寒十四州」的句子。錢鏐叫人轉告他，將「十四州」改成「四十州」才能相見，貫休說：「州也難添（錢鏐實際只據有十四州之地），詩也難改，我如同閒雲孤鶴，哪一片天空不能飛。」遂離開吳越，到了蜀中。這種氣概也是夠豪邁的。

有趣的是，貫休恰好寫過兩首強調禪師「身貧道不貧」的詩。一首題爲《乞食僧》：

擎鉢貌清羸，天寒出寺遲。
朱門當大路，風雪立多時。
似月心常淨，如麻事不知。
時人莫輕誚，古佛盡如斯！

一首題爲《道中逢乞食老僧》，中有句云：

時人只施盂中飯，心似白蓮哪得知？

面對流俗，禪師們的傲然神情，表達出對自身人格的堅定信念。

相傳，宋太祖趙匡胤第一次去相國寺，來到佛像前燒香時，他問：「我該不該向佛行禮呢？」僧錄贊寧答道：「陛下不必行禮。」太祖問他理由，他說：

「皇上是現在佛，不必向過去佛行禮。」贊寧的話，頗為機智，但就氣概而言，卻不夠豪邁。

韓愈有功佛法

「『投諸水火』數語，分明是雲門一棒打殺、丹霞燒出舍利之意，謂其有功吾道，可也；即謂其有功佛法，亦無不可也。」

在古代士大夫中，韓愈以「毀佛」著稱。

唐時，鳳翔（今陝西鳳翔縣）法門寺有佛塔一座，內藏釋迦文佛指骨一節，三十年一開塔。相傳，開塔之年，定必人和年豐。元和十四年，正值開塔之期，唐憲宗派人將佛骨迎入宮內供養三日，以求天下太平。但韓愈認為佛骨乃是朽穢之物，豈有靈驗，因此上表諫諍。在《諫迎佛骨表》當中，他反覆說明「佛不足事」，要將佛骨「投諸水火，永絕根本」。又說：「佛如有靈，能作禍祟，凡有殃咎，宜加臣身。」這些話都講得斬釘截鐵，毫無妥協的意味。

有趣的是，韓愈這樣一位反佛健將，後世卻一再有人說他有功佛法。

明人郭正域說：《諫迎佛骨表》一文表明，韓愈「雖不達佛理，而氣勁在釋門中幾乎獨覺矣。藏中以譬即慧能，其擔當直截、掃除外境，大略相以。」「《佛骨》一表，即世尊（釋迦牟尼）見之，當微笑以爲眞知我。」

清人林雲銘說：「『投諸水火』數語，分明是雲門一棒打殺、丹霞燒出舍利之意，謂其有功吾道，可也；即謂其有功佛法，亦無不可也。」

林雲銘還就韓愈寫給大顚的三封信發表看法說：「把大和尙造作惡態，盡情掃除，仍是欲燒佛骨辣手。吾願普天下禪和子，將此書受持讀誦，爲人解說，即得阿耨多羅三藐三菩提。亦不必辨其爲奉佛、爲辟佛也。」

對韓愈的這種評價，是否信口開河？

釋迦牟尼誕生時，曾一手指天，一手指地說：「天上地下，唯我獨尊。」禪宗雲門派的開山祖師文偃就此評論道：「我當時若見，一棒打殺與狗子吃，卻貴圖天下太平。」

這像瘋話，卻絕不是瘋話，倒是表達了雲門文偃的一顆虔誠的心。原來，禪宗最重視獨立見解和雄偉的氣度：獨立見解可以悟得（慧），但要堅定不移地抱有這獨立見解卻必須定力超群（定）。文偃要打殺釋迦牟尼，即表明他絕不崇拜偶像，絕不會動搖自己的信念。

拿雲門文偃的話與韓愈的《諫迎佛骨表》比照，說韓愈有功佛法，也自有其理由。

希運的傳心法要

「上乘之印，惟是一心，更無別法。心體一空，萬緣俱寂，如大日輪升於虛空，其中照耀，靜無纖埃。證之者無新舊，無淺深，說之者不立義解，不開戶牖，直下便是，動念即乖。」

唐代裴休的《贈黃蘗山僧希運》詩有云：

自從大士傳心印，額上圓珠七尺身。

掛錫十年棲蜀水，浮杯今日渡江濱。
一千龍象隨高步，萬里香華結勝因。
擬欲事師為弟子，不知將法付何人？

裴休，字公美，孟州人。會昌二年（八四二），裴休在鍾陵（今山西進賢縣）爲觀察使，迎請希運禪師上山，安置在鍾陵龍興寺，日夕問道。大中二年（八四八），裴休移鎭宛陵（今安徽宣城縣），又迎請希運至開元寺，常去參問。裴休曾將他對禪的理解寫成文章，出示希運，希運一眼都不看，說：「若形於筆墨，何有吾宗？」裴休問其緣故，希運道：「上乘之印，惟是一心，更無別法。心體一空，萬緣俱寂，如大日輪升於虛空，其中照耀，靜無纖埃。證之者無新舊，無淺深，說之者不立義解，不開戶牖，直下便是，動念即乖。」裴休將希運所說記錄下來，即爲現行的《黃蘗希運禪師傳心法要》。

禪是不可測度、不可把捉的，直下無心，本體自現。所以，那些禪僧在表達他們的體悟時，寧願用棒、喝，用公案；偶爾，他們也用詩。因爲，出色的禪詩如同棒喝一樣，不以說理爲目的，而重在暗示，重在啓迪，引人進入禪的深處。

佛鑒勤的一首頌古詩說：

美如西子下金闕，嬌似楊妃下玉樓。
猶如琵琶半遮面，不令人見轉風流。

據說，透過面紗去看一個富有魅力的女人會使她更加具有誘惑力，所謂魅力往往具有迷惑人們視覺的特點。好萊塢電影界慣以避免他們的明星在公衆場合露面的作法來維護他們的「魅力」，是有充分道理的；而好萊塢的衰落，也許部分地是由於明星們越來越多地在銀幕之外露面所導致。從這個角度來看，佛鑒勤詩塑造「美女」是相當成功的。「猶把琵琶半遮面，不令人見轉風流」。這不是有意地用模糊視覺的技巧來增加魅力嗎？

然而，請您注意：佛鑒勤筆下的這位「美女」其實是佛法的隱喻。佛法介於可見與不可見之間，它不可用知性把捉，只能憑直覺領悟；它如美女的風姿一樣，「直下便是，動念即乖」，靠陳述是再現不了其魅力的。

娑婆世界與極樂世界

既然「淨穢在心，不在國土」，所以，娑婆世界與極樂世界並無客觀的差異，我們也用不著「厭此」娑婆、「忻彼」極樂而沉溺於「往生淨土」的夢想中。

淨土宗是佛教中厭棄人世的一個宗派。它稱人類世界爲穢土，說阿彌陀佛世界才是極樂世界。《無量壽莊嚴清淨平等覺經》描寫極樂世界的情形說：「生在極樂世界的人，形貌端嚴，福德無量，智慧明瞭，神通自在；受用種種，一切豐足；宮殿、服飾、香花、幡蓋，莊嚴之具，隨意所需，悉皆如念。若欲食時，百味盈滿，雖有此食，實無食者。但見色聞香，以意爲食。身心柔軟，無所味著，事已化去，時至復現。復有衆寶妙衣、冠帶、瓔珞，無量光明，百千妙色，悉皆具足，自然在身。所居舍宅，稱其形色……樓觀欄楯，堂宇房閣，廣狹方圓，或大或小，或在虛空，或在平地。清淨安穩，微妙快樂。應念現前，無不具足。」

與這片極樂世界相比，我們人間這片「穢土」當然是令人厭惡的。

但禪宗的看法不同。禪宗提出過一個發人深省的問題：「東方人造罪，念佛求生西方；西方人造罪，念佛求生何國？」可見西方極樂世界純屬虛渺的想像。大珠禪師慧海對淨土（極樂世界）作出了新的解釋：

經云：欲得淨土，當淨其心，隨其心淨，即佛土淨。若心清淨，所在之處，皆爲淨土。……其心若不淨，在所生處，皆是穢土。淨穢在心，不在國土。

這是對禪宗淨土思想的簡洁表述。

人類世界被淨土宗稱爲穢土，又稱娑婆世界，所謂「娑婆苦，娑婆之苦誰能數」、「西方樂，西方之樂誰能覺」，正是淨土宗的見解。而明代禪師梵琦則認爲娑婆世界與極樂世界並無差異，他指出：

據說，娑婆世界，坑坎堆阜，瓦礫荆棘，土石諸山，高下不平。極樂世界，地平如掌，宮殿樓閣，珍寶莊嚴，水鳥樹林，常宣妙法。雖然（娑婆、極樂）有夭有壽，有苦有樂，若論個些子，那邊八兩，這裡半斤！非淨非穢，非生非佛，不用厭此忻彼，愛聖憎凡。既無忻、厭等心，又無聖、凡等見，隨緣放曠，任性縱橫。

用「據說」的口吻來談論極樂世界，言下即有不信之意。而「那邊八兩，這裡半斤」的結論，更將娑婆世界與極樂世界等量齊觀。梵琦的見解，源於禪宗的傳統思想：既然「淨穢在心，不在國土」，所以，娑婆世界與極樂世界就並無客觀的差異，我們也用不著「厭此」娑婆、「忻彼」極樂而沉溺於「往生淨土」的夢想中了。隨緣放曠，任心縱橫，當下便是淨土。梵琦從禪宗的淨土觀出發，召喚對人生的熱愛之情，讓人們像嚮往極樂世界那樣熱愛人間此世。這種肯定人生的樂觀精神使得禪也像生命之樹一樣長青不衰。

禪學之尊

從自身的感受出發來確認自身的意義，這正是禪宗的高明處。

北宋的王安石曾問張方平：「孔子去世後百年，出現了孟子，從此以後再沒有像他們這樣的聖賢出世，原因何在呢？」方平答道：「難道沒有嗎？有的是超過孔子的人。」王問哪些人超過孔子。方平說：「江西馬大師、汾陽無業、雪峰、岩頭、丹霞、雲門等高僧便是。」王問爲什麼會這樣，方平說：「儒門清淡菲薄，留不住人啊！」王欣然嘆服。

張方平所列舉的高僧全是禪宗大師。其中，馬大師即唐代的馬祖道一，雪峰即唐代福州的雪峰禪師，岩頭即唐代鄂州的全豁禪師，丹霞即唐代柳州丹霞山的天然禪師，雲門即五代十國時雲門山的文偃禪師。張方平說他們超過了孔、孟，在古代士大夫中大概很少有人像王安石一樣欣然表示嘆服，但眞心敬重禪學的則大有人在。比如，理學大師朱熹就說過：「今之不爲禪學者，只是未曾到那深處，才到深處，定走入禪去也。」或問：「子在川上曰。」曰：「此是形容道體。伊川所謂與道爲體，此一句最妙。某嘗爲人作《觀瀾詞》，其中有二句云：「觀川流之不息兮，悟有本之無窮。」……又問：「明道云：『自漢以來，諸儒皆不識也。』，如何？」曰：「是他不識，如何都要道他識。此事除了孔孟，就是佛老見得些形象。」孔孟與佛在朱熹眼裡不也是平起平坐的嗎？

北宋理學家程顥的大弟子謝良佐曾在《上蔡語錄》卷一中討論了禪宗高於漢

唐儒學的原因所在。他說：「耳視目聽，手舉足運，見於作者者，心也。自孟子沒，天下學者向外馳求，不識自家寶藏，被他佛氏窺見一斑半點，遂將擎拳豎腳底事把持在手，敢自尊大，輕視中國士大夫，而士大夫莫敢與之爭。」

說得好極了！人類對於自身存在的發現，人類對於精神家園的尋覓，人類的豐富多彩的生命活動，這都是「自家寶藏」！從自身的感受出發來確認自身的意義，這正是禪宗的高明處。日本松尾芭蕉的俳句說：

櫻樹下賞花，湯裡菜裡都是花。

芒鞋斗笠，春夏秋冬又一年。

味道如何？

「佛一名『大無畏』」

「佛一名『大無畏』。其渡人也，曰：『施無畏』。無畏有五，曰：無死畏，無惡名畏，無不活畏，無惡道畏，乃至無大衆威德畏。」

北宋時，佛印禪師爲王觀文講法，登上蓮花寶座，說：「此一瓣香，奉爲掃煙塵博士、護世界大王、殺人不睫眼上將軍、立地成佛大居士。」佛印的話，使人感受到一種目空塵俗的氣度和氣勢。

唐代的顏眞卿是我們所熟悉的歷史人物。這不僅因爲他的書法造詣極深，更由於他的臨難不苟、視死如歸的偉大人格。唐德宗時，李希烈發動叛亂，攻下汝州。汝州別駕李元平被捆著帶到李希烈面前時，竟嚇得尿了一褲子；與之形成對照，已年近八旬的顏眞卿，卻接受朝廷指派，毅然赴許州宣慰李希烈。李希烈的養子千餘人，手執明晃晃的鋼刀，氣勢洶洶，嚷著要吃他的肉，李希烈的部將也圍著他漫罵，舉刀相脅，但顏眞卿毫不畏懼，依然侃侃而談，對李希烈曉以大義。李希烈將他拘留，令甲士十人嚴加監視，並挖了坑，聲稱要活埋他；見顏眞卿滿不在乎，又積薪沃油，顏眞卿索性投身赴火。最後，顏痛罵叛將，被李希烈派人縊殺。

顏眞卿何以能大義凜然，視死如歸？對此，北宋末年的趙明誠說過一段耐人尋味的話：「予觀魯公（顏眞卿）使李希烈時，見危授命，非深於二氏（佛、老）之說者不能。夫富貴不淫，貧賤不移，威武不屈，二氏之教與吾儒同也。」這話是有根據的，因爲顏眞卿確是一位虔誠的佛教徒。

無獨有偶，近代志士譚嗣同也曾從佛教中獲取爲眞理獻身的勇氣。在他看來，佛學是最提倡大無畏精神的。他說：「佛一名『大無畏』。其渡人也，曰：『施無畏』。無畏有五，曰：無死畏，無惡名畏，無不活畏，無惡道畏，乃至無大衆威德畏。」他並且認爲，佛教的精義就是「威力」、「奮迅」、「勇猛」、「大無畏」、「大雄」，只要信仰佛教，就能得到這種大無畏精神。變法失敗後，譚「竟日不出門」，「坐以待捕」，他莊嚴地向朋友們坦陳心曲：「各國變法，無不從流血而成，今日中國未聞有因變法而流血者，此國之所以不昌也。有之，請自嗣同始！」他昂首臨刑，正是佛學大無畏精神的呈現或實踐。

禪的生意

「我的思想隨著這些閃耀的綠葉而閃耀；我的心靈因了這日光的撫觸而歌唱；我的生命因為偕了萬物一同浮泛在空間的蔚藍、時間的墨黑中而感到歡快。」

北宋人馮京，在并州作知州。一天，他對王平甫說：「并州的歌舞，美妙清麗，我一概閉目不看，每天談禪悟道是最好的精神生活。」王平甫答道：「假如眞像你說的這樣，還算不得通達禪理。因爲閉目不看，已是一重公案。」

馮京的話是有緣由的。在一般人眼裡，禪是枯寂、沉默、單調、衰頹的；禪似乎理當迴避豐富多彩的人生。所以，馮京才閉目不看窗外的一切。

與馮京同時，有一位禪師道潛，號參寥子。他跟蘇軾談到杜甫的詩，說：「『楚江巫峽半雲雨，清簟疏簾看弈棋。』這詩句可以入畫，只怕畫不出這種意境。」蘇軾問：「你是禪師，也愛這樣的詩句？」參寥子答道：「譬如不貪圖飲食的人，見到江瑤柱這樣的美味，難道能免得了動下巴嗎？」蘇軾之疑，其潛台詞也是：禪與感性世界的快樂不應當攪在一起。

毫無疑問，馮京、蘇軾都誤解了禪。禪當然是靜謐、安詳的，但又是充滿生意的。忽略了後一點，也就不可能參透禪的底蘊。

問：「如何是天柱家風？」師曰：「時有白雲來閉戶，更無風月四山流。」（《景德傳燈錄》）

問：「如何是佛法大意？」師曰：「春來草自青。」（《五燈會元》）

問：「語默涉離微，如何通不犯？」師曰：「常憶江南三月裡，鷓鴣啼處百花香。」（《五燈會元》）

多麼清新純淨的詩！花開草長，百鳥爭鳴，白雲悠悠，風景如畫，這一切該是何等迷人。它似乎在召喚人們：生命活動才是宇宙的眞諦！切莫辜負生命之樹！

泰戈爾說：「我的思想隨著這些閃耀的綠葉而閃耀；我的心靈因了這日光的

撫觸而歌唱；我的生命因爲偕了萬物一同浮泛在空間的蔚藍、時間的墨黑中而感到歡快。」您感覺到了其中的禪意嗎？

禪悅之味

人生是一種藝術，物我兩忘是其勝境。如魚游水底，如鳥翔空中，自然、自由、自在，這才能煥發出生命的光彩。

蘇軾曾約劉器之一同去參見玉版禪師，以求開示；器之向來懶於走山路，聽說去參玉版，很高興地和蘇軾同行。到達簾泉寺，燒竹筍吃，器之覺得筍味不錯，問：「這是什麼？」蘇軾說：「叫玉版。這老僧擅長說佛法，令人明瞭禪悅之味。」器之才明白蘇軾是開玩笑。

雖然是開玩笑，此中的含蘊卻值得深思。禪的特徵之一即在於它的日常性。在禪中沒有神聖的偶像。所謂佛、菩薩、諸天師和其他佛像，只是尋常的塑像，並不高於天上的雲、地上的花、水中的魚。人生是一種藝術，物我兩忘是其勝境。如魚游水底，如鳥翔空中，自然、自由、自在，這才能煥發出生命的光彩。

師（仰山）夏末問訊溈山次。溈曰：「子一夏不見上來，在下面作何所務？」師曰：「某甲在下面，鉏得一片畬，下得一籮種。」溈曰：「子今夏不虛過。」師卻問：「未審和尚一夏之中作何所務？」溈曰：「日中一食，夜後一寢。」師曰：「和尚今夏亦不虛過。」道了吐舌。

這就是參禪悟道麼？這就是。里爾克說：「一幢『房子』，一口『井』，一座他們所熟悉的尖塔，甚至連他們自己的衣服，他們的長袍都依然帶著無窮的意味，都顯得無限親切——幾乎一切事物都蘊含著、豐富著他們的人性，而他們正是從它們身上發現了自己的人性。」同樣的生活，在開悟前後，其意味卻迥然不同。劉器之以竹筍爲味，蘇軾則以禪悅爲味，進入了一片自由的審美天地。

白雲守端的一首咏子規詩云：

聲聲解道不如歸，往往人心會者稀。
滿目青山春水綠，更求何地可忘機？

東坡參禪

不論物質現象，還是精神現象，均屬「因緣所生法」，無固定不變之自性；若以為實有自性，則是虛妄分別，本質是「空」。

北宋的大通禪師嚴守戒律，人們不齋戒沐浴不敢上門。一次，東坡（蘇軾）帶著歌妓去拜訪他，大通怒形於色。東坡於是用《南柯子》詞牌填了一首詞，叫歌妓唱給他聽，大通聽了，也不禁發笑。東坡說：「我今天參透了老禪！」這首詞全文如下：「師唱誰家曲，宗風嗣阿誰？借君拍板與門槌，我也逢場作戲，莫相疑。溪女方偸眼，山僧莫眨眉。卻愁彌勒下生遲，不見老婆三五少年時。」

《般若波羅蜜多心經》說：「色不異空，空不異色，色即是空，空即是色。受、想、行、識，亦復如是。」意謂不論物質現象（相當於「色」），還是精神現象（受、想、行、識），均屬「因緣所生法」，無固定不變之自性；若以爲實有自性，則是虛妄分別，本質是「空」。因此，學佛參禪，不一定要避世獨居。有人曾問唐代的希運禪師：「黃巢軍來，和尙向甚麼處迴避？」希運答道：「五蘊山中。」所謂「黃巢軍」，指佛法中要堅決斷盡的煩惱；所謂「五蘊」則是煩惱所生處。希運提出在煩惱產生的地方去斷盡煩惱，旨在強調修持者自心的澄明潔淨才是求證的根本。東坡的參透老禪，立意相同。

據說，理學家程顥、程頤兄弟倆曾一起去赴宴，程頤見席中有妓女陪酒，便拂袖而去，只有程顥留下來與人痛飲，盡歡而散。次日，程顥到程頤書齋中去，程頤仍怒氣未消。程顥笑道：「昨日本有，心上卻無；今日本無，心上卻有。」（昨日本有妓女在，但我心上無妓女在；今天本無妓女在，但你心上卻有妓女在。）程顥的話，很幽默，也很富禪理。

一個女尼問趙州從諗：「什麼是佛法大意？」趙州隨手掐了她一把。女尼問：「和尙還有這種舉動？」趙州答道：「只因你還有這個身體在。」

趙州忘我，女尼則心中有我。

「飢來吃飯，睏來即眠」

要去即去，要住即住，放棄所有關於成敗得失的算度，這種大智若愚的人生氣象不值得嚮往嗎？

北宋文豪蘇軾，在他年近六旬時，曾被貶謫到惠州（今廣東惠陽），一度寄居嘉祐寺松風亭。一次，他縱步於松風亭下，足力疲乏，意欲到樹林邊休息；抬頭望去，距離尚遠，焦急之情油然而生。一個孤獨的老人，身體中只有疲憊，叫他如何能不心煩意亂？然而，蘇軾畢竟不愧爲深受禪宗思想薰陶的詩人，焦慮之餘，他忽然想到：「此間有什麼歇不得處？」這樣一想，遂「如掛鈎之魚，忽得解脫」，體驗到一種完美的舒適，肉體上和靈魂上的舒適，所有煩躁不安都消失得無影無蹤了。這次經歷給蘇軾的啓發很大，他由此明白了：「若人悟此，雖兵陣相接，鼓聲如雷霆，進則死敵，退則死法，當恁麼時也不妨熟歇。」以略帶誇張的口吻表達了他的隨緣自適的處世態度。

隨緣本是原始佛教所規定之心性修養的一個方面。比如，在衣食住行這四大日常生活內容中，原始佛教的比丘們關於住的基本原則即是隨遇而安，無論是在屋簷、樹下，還是在曠野、荒冢，只要鋪上隨身攜帶的一領坐具，或一個草織蒲團，盤足而坐（結跏趺坐），便可心滿意足地度過長夜。

不過，將隨緣自適發展爲一種人生哲學的，則是中國的禪宗。一位名叫有源的律師曾問慧海禪師：「和尚修道，還用功否？」他回答：「用功。」問他如何用功，答案是：「飢來吃飯，睏來即眠。」慧海並嘲笑某些人「吃飯時不肯吃飯，百種須索，睡時不肯睡，千般計較」，陷在利害得失的算度中不能自拔。懶殘禪師的一首倡導隨緣自適的歌尤其富於浪漫氣息：

……飢來吃飯，睏來即眠，愚人笑我，智乃知焉，不是痴鈍，本體如然。要去即去，要住即住，身披一破衲，腳著娘生沢，多言復多語，由來反相誤，若欲渡衆生，無過且自渡。……本自圓成，不勞機杼，世事悠悠，不如山邱，青松蔽日，碧澗長流，山雲當幕，夜月爲鈎，臥藤蘿下，塊石枕頭，不朝天子，豈羨王侯，生死無慮，更復何憂。水月無形，我常只寧，石法皆爾，本自無生，兀然無事坐，春來草自青。

要去即去，要住即住，放棄所有關於成敗得失的算度，這種大智若愚的人生氣象不值得嚮往嗎？

最後，我們來讀讀懷海禪師的一首詩：

幸為福田衣（袈裟）下僧，乾坤贏得一閒人。
有緣即住無緣去，一任清風送白雲。

純任自然，無拘無滯，這眞是行雲流水似的人生。

禪師的「大菩提心」

「學佛法之人皆須發『大菩提心』，以一般人之苦樂為苦樂，抱熱心救世之弘願，不唯非消極，乃是積極中之積極者。」

尊莫尊乎道，美莫美乎德，道德之所存，雖匹夫非窮也。道德之所不存，雖王天下非通也。伯夷叔齊，昔之餓夫也，今以其人而比之，而人皆喜。桀紂幽厲，昔之人主也，今以其人而比之，而人皆怒。是故學者患道德之不充乎身，不患勢位之不在乎己。

上面這段話，普通的讀者看了，一定以爲出於理學家之口。其實，它的著作權屬於契嵩禪師。契嵩（一〇〇七－一〇七二），北宋雲門宗（禪宗五家之一）僧人。俗姓李，字仲靈，藤州鐔津（今廣西藤縣）人。經傳雜書，無不博覽，文章也寫得很好。他主張融合儒、佛，以佛家的「五戒」、「十善」來會通儒家的「五常」，實際上是將佛教儒學化，使之適合於中國士大夫的口味。他曾將自己的著作《嘉祐集》、《輔教篇》呈獻給宋仁宗，仁宗敕傳法院編入《藏經》，並賜號「明教大師」。

契嵩有志於融合儒佛，足見二家本有相通之處，其銜接點即對一種偉大的人格風範的嚮往。「衆生無邊誓願度，煩惱無盡誓願斷，法門無量誓願學，佛道無上誓願成。」這四弘誓願，正表達了一切信仰堅定的佛教徒的共同懷抱，因此，著名的禪師往往是傑出的道德家。

近代中國孕育了一批高風亮節的仁人志士。並非偶合，他們曾從增進國民道德的角度提倡學佛。譚嗣同說：「善學佛者未有不震動奮勵而雄強剛猛者也」；章太炎說：「非示無生則不能去畏死心，非破我所則不能去拜金心」；梁啓超甚至提出只有佛教才能創造「捨身救世」的新民。其中，譚嗣同確是一位「震動奮勵而雄強剛猛」的偉人。戊戌變法失敗後，他被捕入獄，就義前，譚嗣同壯氣凜然地寫下了《獄中題壁》詩：

望門投止思張儉，忍死須臾待杜根。
我自橫刀向天笑，去留肝膽兩崑崙。

這種英雄氣概，這種豪邁志趣，這種救國濟民的志士風範，當得起「震動奮勵而雄強剛猛」的考語。

近代作家吳趼人寫過一部題爲《劫餘灰》的中篇小說。小說中的老尼妙悟，在對朱婉貞講說佛法時，暢論「我佛最是鍾情之輩」：

佛以慈悲為本，請教大慈大悲，發宏大誓願，拯救衆生，這個情還有比他大的麼？

妙悟說的「拯救衆生」之「情」，其實是一種以慈悲為懷、以行善利他為宗旨的道德境界。

「寶壽生薑辣萬年」的掌故是禪門佳話之一。從前有位寶壽禪師，在五祖寺管理庫房。一次，住持和尚戒公生病，需用生薑配藥，侍者到庫房去取，遭到寶壽的喝斥。戒公知道了，叫侍者拿錢去買，寶壽才給他。後來洞山缺人住持，郡守託戒公物色人選，戒公便說：那個賣生薑的漢子去得。在這則佳話中，寶壽公私分明，是對戒公的莫大愛護，意在使他成佛，以報天下、國家和施主的恩德；戒公推荐寶壽作洞山住持，即因寶壽的德行足以風衆，寶壽的人格異常高貴。現代的弘一法師說：「學佛法之人皆須發『大菩提心』，以一般人之苦樂為苦樂，抱熱心救世之弘願，不唯非消極，乃是積極中之積極者。」這樣的議論，是不能當成門面話一笑了之的。

「出家是大丈夫事」

「出家是大丈夫事，豈將相所能爲？」

宗杲的高自位置並非故立崖岸，而是對禪師們人格風範的異常平實的界定。

宗杲是宋代的名僧。一次，崔趙公問他：「弟子能不能出家？」宗杲答道：「出家是大丈夫事，豈將相所能爲？」

宗杲的高自位置並非故立崖岸，而是對禪師們人格風範的異常平實的界定。

南宋陸游的《老學庵筆記》記有這樣一件事：禪師法一、宗杲二人，從東都避亂渡江，各攜一笠。宗杲笠中有一枚黃金釵，時常拿出來細看。法一發現了，便在宗杲上廁所的時候，掏出黃金釵，投入江中。宗杲回來，不見黃金釵，臉色大變。法一斥責道：「與汝共學了生死大事，乃眷眷此物耶？我適已爲汝投之江流矣。」宗杲聽了，連忙展開坐具，向法一行禮，以示感謝。

法一將拋棄黃金釵與「了生死大事」聯繫起來，其意味之深長，不難體會到。根據禪宗的叢林清規，所有的出家人，在衣、食、住、行方面，都要嚴守佛家的戒律。其基本原則是：刻苦精勤，盡量放棄物欲之累，以修證身心性命。以食爲例：每日只有早晨、中午兩餐，一律素食；少數擔任勞役的僧人，怕體力不濟，晚上可再吃一餐，但只有作醫治餓病之想，才敢取食。這樣做的目的，是爲了嚴格管束身心，樹立高風亮節，達到成佛的境界。拋棄黃金釵，正是放棄物欲之累的一個象徵性舉動。

關於宗杲，還有一則著名的軼事。他未得法時，曾依止湛堂禪師。一天，湛堂看了看他的指甲，說：「近來東司頭的籌子，不是你洗的吧！」宗杲明白師父是責備他好逸惡勞，立即剪去長指甲，連續九個月做清掃廁所的活。由此可見，叢林（禪寺）的戒律是何等嚴整，庸常的人怎能受得了？

也許有必要介紹宗杲的身世及後來的成就。宗杲俗姓奚，年十七出家，遊四方從諸老宿。後至天寧寺謁見圓悟，過了半年，圓悟數舉因緣詰之，宗杲酬對無礙，遂令分座室中。叢林歸重，名振京師，賜號佛日禪師。南宋初年，住徑山，多與朝士往還。其後因觸忤秦檜，竄逐衡州。秦檜死，再住徑山，賜號大慧禪師。是臨濟宗楊岐派的名僧。著有《臨濟正中記》、《正法眼藏》，並語錄多卷。他的成就與早年的嚴格修持是分不開的。

行持的幽默

行持「有高行，而喜滑稽」。他住餘姚法性寺時，貧甚，作詩頌一首，說：「大樹大皮裹，小樹小皮裹。庭前紫荊樹，無皮也過年。」寓曠達於詼諧之中，煞是有趣。

宋代禪僧行持，本四明盧氏子，後出家為僧。歷住餘姚法性寺、雍熙雲門寺、雪竇護聖寺，均為名剎。

行持「有高行，而喜滑稽」。他住餘姚法性寺時，貧甚，作詩頌一首，說：「大樹大皮裹，小樹小皮裹。庭前紫荊樹，無皮也過年。」寓曠達於詼諧之中，煞是有趣。

後來，行持住雪竇護聖寺。一天，他與天童寺的覺老和育王寺的諶老同去見新太守。太守問天童覺老：「山中幾僧？」回答說一千五百。又問育王諶老，回答說一千。最後問到行持，行持拱手答道：「一百二十。」太守感到很奇怪：「三座寺的聲名不相上下，僧人的數目卻如此懸殊嗎？」行持又拱手道：「敝院是實數。」太守不禁拍手大笑。

這裡，行持運用了幽默與諷刺的主要技巧——「揭」：揭穿眞相，使醜的不能裝成美的，假的不能裝成眞的。天童寺的覺老和育王寺的諶老都在太守面前撒謊，撐門面，把自己所住佛寺的僧人數擴大了十倍左右。這不但可鄙，而且可笑。行持冷眼旁觀，冷耳旁聽，然後跟他們開了個大玩笑：他坦率承認雪竇護聖寺僅一百二十人，並強調，「敝院是實數。」言外之意是：天童寺、育王寺皆爲虛數，信不得。如此機智俏皮，難怪太守忍俊不禁了。

行持的言行是滑稽的，又是高尙的。他是一位名副其實的禪師。

孝僧

禪僧智朗，號漁陸，性至孝。母歿出家，住持理安。《歸省母墓》云：「風木驚心二十年，偷生只為學金仙。誰知杖錫歸來日，荒草叢中化紙錢。」

清代袁枚的《隨園詩話》補遺卷四記載：

從來閨秀及方外詩之佳者，最易流傳。余編《隨園詩話》，閨秀多而方外少，心頗缺然。方坳塘觀察過訪山中，談及禪僧智朗，號漁陸，上元人，性至孝，母歿出家，住持理安。《歸省母墓》云：「風木驚心二十年，偷生只爲學金仙。誰知杖錫歸來日，荒草叢中化紙錢。」「蓬鬢荊釵苧布裙，夕陽影裡淚紛紛。趨前欲訊重泉恨，吹過西風一片雲。」《改葬》云：「別後匆匆掩一棺，多年淺土忍重看？故衣斷線痕猶在，靜樹搖風骨已寒。西崦可憐通夜夢，南陔空說潔晨餐。慈恩欲報終難報，徒向平原意少安。」

身爲和尚，卻以孝著稱，是不是有些奇怪呢？

印度佛教中本不存在孝的觀念。佛經說：「無明覆慧眼，來往生死中，往來多所作，更互為父子，怨（仇人）數為知識（朋友），知識數為怨。是以沙門均庶類於天屬，等禽氣（一切動物）於己親，行普正之心，等普親之意。」意思是：靈魂處於輪迴中，畜生也許是自己的七世父母，而現在的父母在來世有可能是自己的子孫。既然如此，對父母便不須特別孝敬。

佛教傳入中國，逐漸與儒家文化合流，禪宗尤為明顯。《壇經》說：「恩則孝養父母，義則上下相憐，讓則尊卑和睦，忍則衆惡無喧……」幾乎涉及儒家倫理的各個方面。不少禪僧都以孝得名。比如唐代的禪僧元識，「以為空不離色，體念子之慈，業不忘緣，起思親之孝。」他安葬先父先妣，不僅「負土成墳」，還「結廬其域」。禪僧道縱，織賣蒲鞋養母，時人號為陳蒲鞋。

唐代姚合《送僧默然》詩說：「出家侍母前，至孝自通禪。」將姚合與智朗的詩對讀，我們也許會有新的感悟。

教外別傳

禪宗自稱「教外別傳」，它的非宗教品格是異常鮮明的。

清代梁紹壬的《兩般秋雨庵隨筆》卷二有《僧誦中庸》一則：

木文和尙有戒行，無錫顧伊人孝廉素與善。孝廉婦疾革，諸醫束手，延木文至，並不攜經卷佛像。詢之，曰：「經須用汝家者。」孝廉曰：「吾家素無經卷。」曰：「聖經足矣，何必佛書？」因與《中庸》，焚香讀之，如宣梵唄，三復而去。中夜，婦汗出頓愈。

木文和尙的舉動頗有喜劇意味。何也？《中庸》是儒家的經典，木文身爲和尙，在爲人治病時不宣梵唄，卻誦儒書，不是有些好笑嗎？

但笑過之後，我們想請讀者由此得出一個結論，即：禪宗不是宗教。因爲，一切宗教都有它所崇奉的經典，必須絕對地信任它、依賴它，「一以自固其教義，一以把持人之信心」。但禪宗卻並沒有這樣的經典。儒經與佛經，在木文和尚那裡地位相等，並無高下之別。

並且，木文和尙的舉動，還使人懷疑他對佛經並不熟悉。倘若熟悉的話，背誦出來就得。而不熟佛經，正是禪僧的特點之一。唐代杜荀鶴《題覺禪和》詩說：

有時問著經中事，卻道「山僧總不知」。

這可說是對部分禪僧的準確素描。據唐代孟棨的《本事詩》記載，唐文宗大和（八二七—八三五）末年，敕令僧尼試經若干紙，不通就勒令還俗，一位禪僧來懇求成都少尹李章武：「禪觀多年，未嘗念經，今被追試，前業棄矣。願長者念之。」李章武贈詩說：「南宗尚許通方便，何處心中更有經。好去苾芻雪水畔，何山松柏不青青。」這位僧人遂免於還俗。

禪宗自稱「教外別傳」，它的非宗教品格是異常鮮明的。

法昭的偈語

同氣連枝各自榮，些些言語莫傷情。一回相見一回老，能得幾時為弟兄？

法昭禪師一偈云：「同氣連枝各自榮，些些言語莫傷情。一回相見一回老，能得幾時爲弟兄？」詞意藹然，誦之啓人友于之愛。大抵家庭之間，往往以些些言語，輒致手足情傷。而言語之生，多由枕畔，以其易入而難解也。若能時誦此偈，則枕言亦易解已。

這則記載見於淸代金埴的《不下帶編》卷一。在一般人看來，機鋒妙趣便是禪的極致，而法昭禪師的偈語卻旨在勸化世俗，啓發人的兄弟之愛，似乎與禪師的身分不合。這樣的想法顯然是對禪宗的誤解。

品格修養是禪宗大師們的畢生要務，其重要性遠遠超過了機鋒妙語。五祖演和尚說：「今時叢林學道之士，聲名不揚，匪爲人之所信者，蓋爲梵行不淸白，爲人不諦當，輒或苟求名聞利養，乃廣炫其華飾，遂被識者所譏。故蔽其要妙，雖有道德如佛祖，聞見疑而不信矣。爾輩他日若有把茅蓋頭，當以此而自勉。」身不正則不配作爲禪師，這類告誡，是禪宗大師們所一再強調的。

清代獨逸窩退士編輯的《笑笑錄》卷四〈僧出家〉云：「吳薗次遊廣陵。有僧大汕者，日伺候督撫將軍監司之門，一日，向吳自述：『酬應雜遝，不堪其苦。』吳笑應曰：『汝既苦之，何不出了家？』坐上大噱。楊誠齋詩云：『袈裟未著嫌多事，著了袈裟事更多。』此僧之謂乎！」吳薗次對大汕的調侃，著眼於他的品格不高；反過來看，這恰好表明：禪師的尊嚴從根本上有賴於品格的高尚。

紀昀筆下的高僧

人生是平常的，又是嚴肅的。能夠控制欲望，能夠單純地生活，能夠毫不懈怠地修行，這就足以成為高僧。

清代紀昀在《閱微草堂筆記》卷二十二中，描述了一個品行清高的禪僧：

景城天齊廟一僧，住持果成之第三弟子。土人敬之，無不稱曰三師父，遂佚其名。果成弟子頗不肖，多散而托鉢四方。惟此僧不墜宗風，無大剎知客市井氣，亦無法座禪師驕貴氣；戒律精苦，雖千里亦打包徒步，從不乘車馬。先兄晴湖嘗遇之中途，苦邀同車，終不肯也。官吏至廟，待之禮無加；田夫、野老至廟，待之禮不減。多布施、少布施、無布施，待之禮如一。禪誦之餘，惟端坐一室，入其廟如無人者。

其行事如是焉而已。然里之男婦，無不曰三師父道行清高。及問其道行安在，清高安在，則茫然不能應。其所以感動人心，正不知何故矣。嘗以問姚安公，公曰：「據爾所見，有不清不高處耶？無不清不高，即清高矣。爾必欲錫飛、杯渡，乃爲善知識耶？」

紀昀的評述很值得我們注意。

佛教初入中土時，高僧往往憑藉千姿百態的神通，贏得世俗的敬信。比如後趙時的佛圖澄（二三二—三四八）。他是西域人，本姓帛；或謂天竺人，本姓濕。他並沒有帶來一卷經典，甚至一句話也沒有譯過。但他常常顯示神通。《高僧傳·佛圖澄傳》說他善於念誦神咒，能役使鬼物；把胭脂、胡麻油調在一起，塗在手掌上，就能了如指掌般地看清千里外的事；他腹旁有一孔，常以絮物塞之，每夜讀書，則拔去絮，孔中出光，照亮一室；還能噴酒興雲滅火，燒香祝願遙救人難等等。佛圖澄憑藉他的神通贏得了時人的崇奉，表明中華民族早期對佛學的興趣與信奉神仙並無多少差異。

但禪宗卻是一種人生哲學，是一種以人生爲主題的學問。錫飛、杯渡的神通在這種成熟的人生哲學中失去了重要性。人生是平常的，又是嚴肅的。能夠控制欲望，能夠單純地生活，能夠毫不懈怠地修行，這就足以成爲高僧。

三師父正是這樣一位高僧。

現代佛學大師楊度說：「所謂成佛，即是成聖，即是做人。」「死後再不要提，只問生前做人之法，若能做成極端凡夫，即能做成極端聖人。所以不說過去、未來，只說現在；不說出世，只說入世；不說神道，只說人事。」這些話不妨作爲對《閱微草堂筆記》的補充。

萬古長空，一朝風月

「萬古長空，一朝風月」：頓時開悟，直接領悟到瞬刻即永恆，永恆即瞬刻。在這瞬間永恆中，我即佛，佛即我，我與佛成為一體。

參禪要經歷三個階段。第一階段：「落葉滿空山，何處尋行跡」；參禪者執著地尋找禪的本體，卻渺無所得。第二階段：「空山無人，水流花開」；參禪者粗通禪理，卻因拘泥於「我即空」，似已悟道而其實未悟。第三階段：「萬古長空，一朝風月」；頓時開悟，直接領悟到瞬刻即永恆，永恆即瞬刻。在這瞬間永恆中，我即佛，佛即我，我與佛成爲一體。

李澤厚對這種超越時空的瞬刻有出色的描述，他說：「在時間是瞬刻永恆，在空間則是萬物一體，這也就是禪的最高境地了。這裡，要注意的是，瞬刻即永恆，卻又必須有此『瞬刻』（時間），否則也就無永恆。可見這永恆既超越時空卻又必須在某一感性時間之中。既然必須有具體的感性時間，也就必須有具體的感性空間，所以也就仍然不脫離這個現實的感性世界，『不落因果』又『不昧因果』，這也就是超越不離感性。」

重要的乃是，經此一「悟」之後，原來的對象世界就似乎大不一樣了。儘管山還是山，水還是水，吃飯還是吃飯，睡覺還是睡覺，外在事物並無任何改變，也不需要任何改變；但是經此「瞬刻永恆」的感受經驗之後，其意義和性質卻似乎有了根本不同。既已超越時空、因果，也就超越一切有、無分別，於是也就獲得了從一切世事和所有束縛中解放出來的自由感。從而，既不要計較世俗事務，也不必故意枯坐修行；餓即吃，睏即眠；一切皆空，又無所謂空；自自然然地仍然過著原來過的生活，實際上卻已「入聖超凡」。因爲你已經滲透禪關——通過自己的獨特途徑，親身獲得了「瞬刻即可永恆」＝「我即佛」的這種神秘感受了。這正是：

衆星羅列夜明深，岩點孤燈月未沉。
圓滿光華不磨瑩，掛在青天是我心。

千江同一月

真如佛性這種分而不滅、散而仍一的特性，龍光諲禪師用兩句詩來表現：

千江同一月，萬物盡逢春。

佛教認爲，眞如佛性是宇宙間各種現象的精神本體，遍在一切，神妙莫測，不生不滅，湛然清淨，永恆存在，故名實有。它通過因緣條件，和合而成宇宙間各種物質的和精神的東西。被和合而成的東西，是虛幻不實的，因而是假有。眞如佛性的這種分而不滅、散而仍一的特性，龍光諲禪師用了兩句詩來表現：

千江同一月，萬物盡逢春。

惠洪《禪林僧寶傳》卷二讚弘明禪師說：「公之全體大用，如月照衆水，波波頓見而月不分，如春行萬國，處處同時而春無跡。」可說是對龍光諲禪師之語的注解。

元覺《永嘉證道歌》中有兩句意思相近的話：

一月普現一切水，一切水月一月攝。

大珠慧海禪師說：「能生萬法，喚作法性，亦名法身。馬鳴祖師云：所言法者，謂衆生心。若心生，故一切法生。若心無生，法無從生，亦無名字。迷人不知，法身無象，應物現形。遂喚青青翠竹，總是法身；郁郁黃花，無非般若。黃華若是般若，般若即同無情。翠竹若是法身，法身即同草木。如人吃筍，總吃法身也。」是的，眞如佛性無所不在，我們日常的普通生活中，處處充盈著禪機。

有位僧人對他的師傅說：「我參禪許久，卻從未得到有關佛道的教誨，請您發慈悲心，指點我吧！」師傅答道：「這是什麼意思？你每次向我請安，我不都回答了嗎？你端茶時，我不都高興地接受了嗎？你還想得到什麼呢？」眞如佛性無處不在，平易親切，並不需要長途跋涉到遠方去追尋。

等閒識得春風面，萬紫千紅總是春。

字義炳然

「道」是無所不在的，它明明白白，一目瞭然，正如門、窗、壁，一見就知道是門、窗、壁，根本用不著文字的說明、邏輯的闡釋。一旦加入了概念的追究，「道」便消逝了。

《莊子·天下》篇有一則寓言說：黃帝遊於赤水之北，不愼將其玄珠遺失。黃帝讓知去尋找，沒有找到；讓离朱去尋找，也沒有找到；最後讓象罔去找，這才找到了。

「知」就是智慧；离朱又名离婁，據說他「能視於百步之外，見秋毫之末」；象罔又名罔象，比喻「無心」。黃帝遺失了「玄珠」（至道），憑智慧找不到，憑超人的視力找不到，只有「無心」才能得到它。

《五燈會元》中有則寓意相近的公案：

昔有一老宿住庵，於門上書心字，於窗上書心字，於壁上書心字，法眼云：「門上但書門字，窗上但書窗字，壁上但書壁字。」玄覺曰：「門上不要書門字，窗上不要書窗字，壁上不要書壁字。何故？字義炳然。」

「道」是無所不在的，它明明白白，一目瞭然，正如門、窗、壁，一見就知道是門、窗、壁，根本用不著文字的說明、邏輯的闡釋。一旦加入了概念的追究，「道」便消逝了。「見則直下便見，擬思即差。」

禪宗三祖僧璨《信心銘》的頭兩句是：「至道無難，唯嫌揀擇。但莫憎愛，洞然明白。」至道無所不在，所以沒有什麼可揀擇的，宇宙間的一切，都是道的呈現。既然如此，還「擬思」什麼呢？

大道縱橫，觸事現成，雲開日出，水綠青山。

充塞大千無不韻，妙含幽致豈能分？

＊＊＊＊＊

文字禪

北宋禪師惠洪，寫過一本書，名為《文字禪》。他的意思是：他的著作只不過是一種「文字」之「禪」，而非眞禪。

禪宗自稱「教外別傳，不立文字」，主張捨棄語言，回歸事實。文字禪是怎麼回事呢？

北宋禪師惠洪，寫過一本書，名爲《文字禪》。他的意思是：他的著作只不過是一種「文字」之「禪」，而非眞禪。較之參究而言，用文字來講解只是末技。這還是禪宗的傳統見地。

但明代禪師眞可（一五四三—一六〇三）卻一本正經地強調「文字三昧」，

並說，在現今這個世界上，如果不「以文字三昧鼓舞佛法」，佛法就難以流行。他用了兩個精彩的比喻來說明這個觀點。

一個比喻說：「蓋禪如春也，文字則花也。春在於花，全花是春；花在於春，全春是花。而曰禪與文字有二乎哉？故德山、臨濟，棒喝交馳，未嘗非文字也；清涼、天台，疏經造論，未嘗非禪也。而曰禪與文字有二乎哉？」

另一個比喻說：「文字，波也；禪，水也。如必欲離文字而求禪，渴不飲波，必欲撥波而覓水，即至昏昧，寧至此乎？」

眞可的話，是否站得住腳呢？

據說，胡適當年與鈴木大拙討論禪宗，曾談到他們二人都是禪的罪人，因爲，他們用文字論禪，禪也就消失了。鈴木大拙也同意胡適的話。看來，兩位學者與眞可的意見不太一致。

口頭禪

念誦得法，則開悟快，領略深。這種以念誦參禪的方法，我們戲稱之為「口頭禪」。

清代中葉的散文家劉大櫆曾在《論文偶記》中提出，散文包含四種要素，即神、氣、音節、字句。他說：「神氣者，文之最精處也；音節者，文之稍粗處也；字句者，文之最粗處也。然余謂論文而至於字句，則文之能事盡矣。蓋音節者，神氣之跡也；字句者，音節之矩也。神氣不可見，於音節見之；音節無可準，以字句準之。」其後的桐城派文人，都把因聲以求氣奉為不易之論；縱聲朗讀或低聲諷誦，成為他們學習和欣賞文章的重要方法。

無獨有偶，明代的著名禪師德寶也認為念誦是參禪的「要訣」之一。念誦得法，則開悟快，領略深。這種以念誦參禪的方法，我們戲稱之為「口頭禪」。

在禪宗六祖慧能的經歷中，開悟慧明是引人注目的關目之一。慧明向他求法，他問：「不思善，不思惡，正恁麼時，阿那個是明上座本來面目？」慧明當下大悟。

德寶很重視這則公案，他多次向人指點念慧能這句問話時的要點，如：

古人用功，勿類凡庸草草，直教全心放下，……先提雙句，三五回次，斬斷前句，力疑後句，當全心力作聲云：「咦！那個是我本來面目?!」或厲聲、或微聲云：「父母未生以前，那個是我本來面目？」復云：「咦！必（畢）竟那個是我本來面目！」只是一咦，直使當下斷然空寂。

講究念誦，在德寶看來，是很要緊的事，萬不可掉以輕心。他告誡說：「只把從前一切未了未辦底、未能割捨的諸雜事業，撲塌盡情一刀兩斷都放下，向無依無著乾淨心中惟提一個阿彌陀佛，或出聲數念，或心中默念，只要字字朗然；如默念舉不熟，則勤出聲數，或十聲，或三、五十聲，一切切定，仍舊牙齒相著，鼻息調定，兩眼微開，如坐禪式，不緩不緊，……如此用心，不消一年半載，話頭自成。」德寶說得有點玄，但因聲求悟，自有其道理在。

禪與公案

禪門宜默不宜喧

大智修行始是禪，禪門宜默不宜喧。
萬般巧說爭如實，輸卻雲門總不言！

據《維摩詰經·不二入法門品》記載，維摩詰「示疾」毗耶離城，與諸菩薩共論「不二法門」。諸菩薩舉了許多對立的概念（「二」），如生與死、垢與淨、罪與福、明與無明等，並認爲，只要消滅了這些對立面，不生不滅，不垢不淨，即可入不二法門。

最後，文殊師利說：「照我的想法，於一切法無言無說無示無識，離諸問答，是爲入不二法門。」說完，問維摩詰道：「是不是這麼回事呢？」

維摩詰默然無言。

文殊讚嘆道：「好！好！連文字語言都沒了，這是眞正的不二法門！」

「維摩一默，聲如淵雷。」諸菩薩用消除對立的方法來說明不二法門，表示對論題兩方面都不執著，這屬於「以言遣言」。維摩詰則索性對一切是非善惡等差別「無言無說」，達到了佛的最高境地。

雪竇禪師詩云：

維摩大士去何從，千古令人望莫窮。
不二法門休更問，夜來明月上孤峰。

「夜來明月上孤峰」，這親切而明麗的圖畫，正是主客內外無差別的「一色境界」。

雲門文偃也曾效法維摩詰的雷鳴般的沉默。相傳廣主劉王詔文偃等人在宮內過夏，禪師們過從密切，參禪說法。只有文偃不與人交往，無言無語。宮內有一名直殿使，看出雲門的無言才是不可測度的最上乘禪，於是他寫了四句偈語：

大智修行始是禪，禪門宜默不宜喧。
萬般巧說爭如實，輸卻雲門總不言！

的確，禪是不可說的。它如未曾扣擊的洪鐘，那聲音是感官所聽不到的。因而禪宗一再強調：

十語九中，不如一默。
啼得血流無用處，不如緘口過殘春。

「空手把鋤頭」

空手把鋤頭，步行騎水牛。
人從橋上過，橋流水不流。

善慧大士（四九七—五六九）有云：「空手把鋤頭，步行騎水牛。人從橋上過，橋流水不流。」但這四句偈語，從常識的觀點看，無疑是自相矛盾的。既然手拿鋤頭，為何又說空著手？既然騎著水牛，為何又說是步行？明明是水在流動，為何偏說是橋在流？

執著於常識的人難於接受這種「反話」。明代趙南星的《笑贊》中，有一則笑話說：「有士人入寺中，衆僧皆起，一僧獨坐。士人曰：『何以不起？』僧曰：『起是不起，不起是起。』士人以禪杖打其頭，僧曰：『何必打我？』士人曰：『不打是打，打是不打。』」用常識來嘲笑禪機，這是一個許多人所熟知的例證。

但禪是不會認眞對待這種嘲笑的。一位西方學者因痛感於邏輯、語言、利害關係對世界的斫傷，曾情不自禁地感嘆道：「在實際生活中，一般人觀看時，似乎周圍的事物上面都有一個標籤，一旦從標籤上認出它們是什麼，就不再作進一步審視……在實用性視覺中，一當我們認出貼在事物上面的標籤，就不再關心事物本身。也就是說，一旦觀看到其生物性作用之後，它就立即停止了。」無論哲學、邏輯學，還是科學，都無助於創造單純、活躍，如鶯飛草長、雜花生樹般生機勃勃的生活。

它們用標籤將世界嵌入標本室，似乎人生只是哲學的、邏輯的、科學的；其實，生活更多一些心理的體驗成分。禪的自相矛盾的反話，目的之一即是撕下林林總總的人為標籤。它豎起一柄鋤頭，卻要你勇敢地承認：這不是「鋤頭」，「鋤頭」這一標籤扼殺了鋤頭的生命。同樣，「水牛」、「橋」、「水」一類的標籤也要毫不猶豫地扯掉。

一則公案說：

臨濟上堂曰：「赤肉團上，有一無位真人，常在汝等人門面出入，未證據者看看。」時有僧問：「如何是無位真人？」濟下禪床搊住曰：「道！道！」僧擬議，濟拓開曰：「無位真人是什麼干屎橛？」

為什麼不容擬議（考慮），因為擬議就是邏輯和語言的干預，就是貼標籤，而一旦被貼上標籤，「無位真人」便毫無價值了，只是干屎橛而已。

「諸佛法印，非從人得」

反對偶像崇拜，提倡獨立思考，這意味著對佛教經典，不應盲從、不應依賴，因為，不是產生於自己的知識，不可能真正屬於自己，悟的境界只有靠自身的力量才能達到。

著名的禪師最初往往是獨學之士，他們總是依靠自己的力量來完善自己：禪宗初祖達摩曾在嵩山少林寺面壁而坐，終日默然，前後九年；六祖慧能甚至在得到五祖弘忍密付的袈裟後，仍隱於獵戶中達十六年之久。本來他們也有老師，但老師並不像現在教育學生那樣什麼都傳授給他們，他們從老師那兒得到的也主要是一種自我獨立的精神。他們憑藉自身的體悟成佛，掃除了對外在權威和偶像的迷信崇拜心理，因而能成為「不受人欺」的氣魄雄偉的人物。

禪宗二祖慧可的故事頗富於傳奇色彩。慧可（四八七—五九三），俗名姬光。這位出身於洛陽的僧人，未出家時便已博覽群書，尤其善談老莊。但他常常遺憾地感嘆說：孔、老之教，只是建立社會道德的規範，《莊》、《易》之書，雖然高深玄奧，但仍然未能窮盡宇宙人生的精微。於是，他在洛陽龍門的香山依寶靜出家，更名神光，從此周遊聽講，「遍學大小乘義」（大小乘佛教的教義）。三十三歲時，返回香山，靜坐八年。後來，他慕名求道，遂到少林寺去見達摩大師。但達摩大師時常面壁端坐，並不加以教誨。神光爲了表明自己求教的心意之誠，便在一個大雪紛飛的冬夜，徹夜侍立在達摩大師身邊，天明時，積雪已經過膝，而他仍舊侍立在那兒，態度更加恭敬。達摩大師這才回頭問他想求什麼，神光痛哭流涕地說：「惟願大師慈悲，開示像甘露一樣的法門，藉以廣渡衆生。」不料達摩大師卻訓斥道：諸佛無上的妙道，絕不是憑這點小智慧、小德行就可以求得的！神光聽了，當即取出利刀，自斷左臂，以表示爲法捨身命的決心。達摩認爲他堪充法嗣，這才把一件棉布袈裟（傳法憑證）付給神光，並爲他改法名叫慧可。慧可便問：諸佛心印的法門，可以說給我聽嗎？達摩大師鄭重回答：「諸佛法印，非從人得。」（諸佛心法，不是從別人那裡能夠得到的。）

「諸佛法印，非從人得」，這是禪宗的核心之一。唯其如此，所以，慧可求教之心越誠，達摩越要向他強調精神獨立的重要性。依傍佛祖，亦步亦趨，那是絕不會有出息的。南宗的禪師們把這一思想表達得更爲透徹。比如宣鑒（禪宗南宗創始人慧能的六世法孫，唐末八六五年死），就一再告誡門徒不要求佛和祖（達摩等），他說：「他（大師）是丈夫，我何嘗不是，我比誰也不差，爲什麼整天就他諸方老禿奴口嘴，接涕唾吃了，無慚無愧，苦哉苦哉。」另一位禪師義玄（慧能六世法孫，八六六年死），也鼓勵門徒掃除外在的偶像，他有一段氣度不凡的議論：「欲得如法見解，但莫受人惑，向裡向外，逢著便殺，逢佛殺佛，逢祖殺祖，逢羅漢殺羅漢，逢父母殺父母，逢親眷殺親眷，始得解脫，不與物拘，透脫自在……丈夫善知識始敢毀佛毀祖，是非天下，排斥三藏教。」

反對偶像崇拜，提倡獨立思考，這意味著對於佛教經典，不應盲從、不應依賴，因爲，不是產生於自己的知識，不可能眞正屬於自己，悟的境界只有靠自身的力量才能達到。達摩用「諸佛法印，非從人得」八字揭示了這一點，龍潭則以富於象徵意味的行爲向門徒顯示了這一點。後一件事尤其具有幽默感。德山是精研《金剛經》的大學者。當他聽說有否定經典、直指人心的禪時，便來到龍潭這兒求教。一天，他侍立座下，龍潭問：「更深何不下去？」德山走出大門，又折了回來，說外面黑。龍潭點了一枝蠟燭遞給他，德山剛想接過來，龍潭又把它吹滅了。德山由此透悟到了禪的眞理，遂將他格外珍視從不離身的《金剛經》注釋統統付之一炬。毫無疑問，德山的透悟，也就是眞我的覺醒，他將憑藉自己的翅膀在眞理的天空中飛翔。

《水月齋指月錄》卷九有一則耐人尋味的故事：

（智常）入園取菜次，乃畫圓相圍却一株，語衆曰：「輒不得動著這個。」衆不敢動。少頃，師復來，見菜猶在，便以棒趁衆僧曰：「這一隊漢，無一個有智慧地。」

老老實實聽他的話，卻被智常鄙薄爲無智慧；反過來看，不聽他的話便是有智慧。這事似乎難以理解，但把它與達摩、龍潭的教誨聯繫起來，就會覺得，智常的意思是既明白又深刻的。

指月之別

指月的指永遠是指，絕不會變成月本身。危險常常發生於知識狡猾地潛入，把指當作月本身的時候。

無盡藏尼對六祖慧能說：「我讀《涅槃經》多年，但仍有許多不明白之處，希望能得到你的指教。」

慧能答道：「我不識字，請你把經讀給我聽，也許我能幫你釋疑。」

無盡藏尼忍不住笑道：「你連字都不識，怎談得上解釋經典呢？」

慧能認眞地告訴她：「眞理與文字不是一回事。眞理有如天空的明月，文字則是指月的手指；手指能表示明月的所在，但手指並不就是明月，看月也不一定非用手指不可。」

無盡藏尼感到這話很有道理，遂將經文讀給慧能聽。慧能一句一句爲她解釋，使無盡藏尼大受啓迪。

鈴木大拙說：「指月的指永遠是指，絕不會變成月本身。」危險常常發生於知識狡猾地潛入，把指當作月本身的時候。

佛性豈有南北

慧能第一次參見弘忍法師，二人之間便有一段異乎尋常的對答。

弘忍劈頭便問：「汝何方人？來此山禮拜吾，汝今向吾邊復求何物？」慧能答道：「弟子是嶺南人，新州百姓。今故遠來禮拜和尚，不求餘物，唯求作佛。」弘忍斥責道：「汝是嶺南人，又是獦獠（當時中原人對南方少數民族的稱呼），如何堪作佛?!」慧能毫不遲疑地回答說：「人有南北，佛性豈有南北？獦獠身與和尚不同，佛性有何差別？和尚能作佛，弟子當能作佛。」據說，弘忍聽了，非常賞識，只是礙於左右人多，才沒有和慧能繼續深談，而令他隨衆勞動，在碓房舂米。

慧能強調佛性不分南北、貴賤，這跟中國傳統的儒家觀點是吻合的。馮友蘭曾說：「印度社會中階級之分甚嚴，故佛學中有一部分謂有一種人，無有佛性，不能成佛。但中國人以爲『人皆可以爲堯舜』，故中國人之講學者，多以爲人人皆有佛性，即一闡提亦可成佛（道生語）。」慧能雖出家不久，卻對佛性問題有如此精湛的見解，難怪弘忍會賞識他了。

「不是風動，不是幡動」

「不是風動，不是幡動，仁者（對人的尊稱）心動！」

南宗禪以無念為宗。所謂無念，即是於一切法不取不捨，不染不著，任運自然，自在解脫。

相傳慧能從師傅弘忍處接受衣鉢後，即回到廣東曹溪，隱遁於四會、懷集（今廣西懷集縣）二縣間。過了十六年時間，才出來到廣州法性寺；適逢印宗法師在寺裡講《涅槃經》，他便寄寓在廊廡之間。晚上，風吹刹幡有聲，兩僧辯論，一個說是幡動，一個說是風動，爭論不已。慧能插嘴說：「不是風動，不是幡動，仁者（對人的尊稱）心動！」印宗法師聽了，大為賞識，便延他至上席，請問深義，慧能回答，言簡理當。印宗便問：「久聞黃梅衣法南來，莫非就是行者？」慧能即出示衣鉢。印宗歡喜讚嘆，遂召集衆僧，宣告找到了禪宗第六代祖師的消息。

慧能的插話何以令印宗法師傾心敬佩呢？原來，南宗禪以無念爲宗。所謂無念，即是於一切法不取不捨，不染不著，任運自然，自在解脫。神會禪師說：

無念者，是聖人法。凡夫若修無念者，即非凡夫。

決心證者，臨三軍際，白刃相向下，風刀解身，日見無念，堅如金剛，毫微不動。縱見恆沙佛來，亦無一念喜心，縱見恆沙衆生一時俱滅，亦不起一念悲心。此是大丈夫，得空平等心。

「酒不醉人人自醉，色不迷人人自迷」。一切對於外境的執著都只是心的變現，一切妄念都只是我心中物。掃除妄念，頓息諸緣，便能來去自由，自在解脫。連白刃相向下也可不動心，見風吹幡動，更不必大驚小怪了。「仁者心動」一語，即是提醒人警惕妄念之起。

《西遊記》第十三回，唐僧說：「心生，種種魔生；心滅，種種魔滅。」一切都生於心，出於心。這句常談，含義倒是有些不尋常哩！

慧能沒伎倆

一旦人發起般若之知、智慧觀照時，心就能映照萬物而不執著於萬物，有各種思念而又不執著於這種思念，亦即在現實生活中保持一種泰然、超然的心態。

臥輪禪師是北宗神秀的門人，他有一首詩偈說：

臥輪有伎倆，能斷百思想。
對境心不起，菩提日日長。

六祖慧能聽了，認爲：「偈子的作者並未悟道，只不過給自己添加了桎梏。我也有一首偈子。」惠能的偈子是：

慧能沒伎倆，不斷百思想。
對境心數起，菩提作麼長。

慧能是什麼意思呢？

原來，臥輪所證的「空」，是缺少生命體驗的虛無，是禪家最忌諱的「頑空」。而慧能所證的「空」，卻是以平等、無差別之心，去觀察事物的本來面目。也就是說，一旦人發起般若之知、智慧觀照時，心就能映照萬物而不執著於萬物，有各種思念而又不執著於這種思念，亦即在現實生活中保持一種泰然、超然的心態。

佛洛姆說：泰然狀態是到達了理性充分發展的狀態——此處所用理性二字並不僅是知性判斷的意義，而是（用海德格的說法）「讓事物以其本身的樣子」而存在，並由此掌握眞理。……這就是說，對自己、對他人、對一切存在之物，能夠反應與回應；是以我眞正的、整個的人，對每個人、每個物來做反應與回應，並且是依每個人、每個物的本然樣子來對他們做反應與回應。在這種眞正的回應中，有著創造性，那是把世界如其本相來看待，並且體驗到那即是我的世界，是由我創造性的了解而被我創造與改變的世界，因此，這個世界不再是「那邊的」陌生世界，而是我的世界。最終，泰然狀態意謂放下我的自我，放棄我的貪婪，不再追求自我的擴張與衍存。我在生活中去做自己、去體驗自己，而不是在持有、存積與貪婪和利用中去做自己、去體驗自己。

這就是慧能的「菩提」（覺），「不斷百思想」卻又能不執著於「百思想」。這就是「於相而離相」、「於念而不念」的泰然狀態。

一宿覺

禪宗的悟道者臨機不讓師，橫行無礙，自由自在。玄覺與六祖並駕齊驅，相視而笑，可說是這方面的一個精彩例證。

永嘉玄覺是佛教史上著名的「一宿覺」。

他初攻天台止觀法門及《維摩》不二之旨。後來，在友人勸說下，去慧能處印證所學。他參拜慧能時，繞著慧能走了三圈，然後振一振手中的錫杖，筆挺挺地站在慧能面前。

慧能問：「和尚應該具備三千威儀，八萬細行，你何故如此怠慢？」

玄覺道：「生死事大，無常迅速，我顧不得那麼多了。」

慧能問：「既然如此，你何不體取無生，了取無速呢？」

玄覺道：「大道本是無生無滅的，萬物也本無遲速可言。」

慧能高興地表示讚同。永嘉玄覺得到印可，於是向慧能禮拜，立即告辭。慧能問：「你這不是太匆忙了嗎？」

玄覺道：「我根本就沒動過，哪裡談得上匆忙呢？」

慧能問：「誰知道你未曾動過？」

玄覺道：「這是你自己產生的分別觀念。」

慧能讚許說：「你對無生之意體會得很深。」

玄覺便道：「既然是無生，哪有意思可言？」

慧能反問：「如果無意，誰能分別它呢？」

玄覺道：「分別本身也沒有意思。」

慧能聽了，大爲賞識，留他在寺中住了一宿，時人稱爲「一宿覺」。

禪宗的悟道者是十分高傲的。「橫身三界外，獨脫萬機前。」「有時獨上孤峰頂，月下披雲嘯一聲。」「高高山頂立，深深海底行。」這便是他們風采的寫照。因此，他們臨機不讓師，橫行無礙，自由自在。玄覺與六祖並駕齊驅，相視而笑，可說是這方面的一個精彩例證。

見與不見

神會問慧能：師父坐禪時，是見還是不見？

慧能回答：是見也是不見，我見，是見自己的過錯；不見，是不見天地和他人的是非善惡。

所以，「不是凡不是聖，不是垢淨，亦非空有，亦非善惡」。

神會是慧能的晚期弟子，荷澤宗的創立者，建立南宗的一個得力人物。

一天，他問慧能：「師父坐禪時，是見還是不見？」

慧能在他頭上猛敲了幾下，反問道：「我打你，是痛還是不痛？」

神會說：「我感覺又痛又不痛。」

慧能於是模仿他的口氣回答他剛才的提問：「我坐禪時，是見也是不見。」

神會感到奇怪，問：「怎麼是見又不見呢？」

六祖胸有成竹地說：「我見，是見自己的過錯；不見，是不見天地和他人的是非善惡。所以是見又不見。」

神會答道：「如果不痛，就好似木石沒有知覺；如果痛，就會像俗人一樣產生怨憤之心。」

於是慧能歸結說：「痛和不痛都是生滅的現象，見與不見都是兩邊的執著。」

禪宗經常講「不二法門」，亦即超越各種區別。比如，生和滅看起來是兩回事，但明白了一切事本來無生，又哪來的滅？所以，「不是凡不是聖，不是垢淨，亦非空有，亦非善惡」，凡即聖，垢即淨，空即有，善即惡，痛即不痛，見即不見……互相融匯，一片澄澈。如皎然詩所說：

真我性無主，誰為塵識昏？
奈何求其本，若拔大木根。
妄以一念動，勢如千波翻……
寂滅本非寂，喧嘩未曾喧。
嗟嗟世上禪，不共智者論。

「磨磚豈得成鏡」

諸法空寂，佛無定相，一切都是心的體現。所以，關鍵不在於行住坐臥本身，而在於自性是否開悟：性悟則無往而非禪，性迷則坐臥皆非禪。

馬祖是唐代著名的禪師。本姓馬，名道一，或稱馬祖道一。曾在江西弘揚禪學，又稱江西馬祖。他幼年依資州處寂出家，從渝州圓律師受具足戒。唐玄宗開元年間（七三五年前後），到衡山結庵而坐，整日坐禪。當時南岳懷讓住在般若寺，知道他是佛法的大器，便去問他：「大德坐禪，圖什麼？」馬祖道：「圖作佛。」懷讓禪師於是拿了一塊磚，日日在馬祖庵前的石上去磨。一天，馬祖問：「師作什麼？」懷讓道：「磨作鏡。」道一問：「磨磚豈得成鏡耶？」懷讓於是抓住時機反問：「磨磚既不成鏡，坐禪豈得成佛耶？」馬祖趕忙問如何才能成佛。懷讓說：「如牛駕車，車若不行，打車即是？打牛即是？」又說：「汝學坐禪，為學坐佛？若學坐禪，禪非坐臥，若學坐佛，佛非定相，於無住法不應取捨。汝若坐佛，即是殺佛，若執坐相，非達其理。」道一因問法要。懷讓給以開示，最後說偈云：

心地含佛種，遇澤悉皆萌，
三昧華無相，何壞復何成？

馬祖聽了，豁然大悟。

這是一則廣泛流傳的公案。它的意思是：諸法空寂，佛無定相，一切都是心的體現。所以，關鍵不在於行住坐臥本身，而在於自性是否開悟：性悟則無往而非禪，性迷則坐臥皆非禪。

白雲禪師的詩偈說：

為愛尋光紙上鑽，不能透處幾多難。
忽然撞著來時路，始覺平生被眼瞞。

在經過長時間的禪定修持後，一旦見性悟道，終於透徹玄奧。修持與頓悟，二者相輔相成，不可偏廢。懷讓與白雲強調頓悟，是在用過了禪定的苦行工夫之後（馬祖如不整日坐禪，懷讓是不會賞識他的）。這點萬不可忘記，否則就會淪爲輕薄者流。

水月兩忘

寶月流輝，澄潭佈影，水無蘸月之意，月無分照之心，水月兩忘，方可稱斷。

水月兩忘，即「直下便見」，不經過邏輯思維的過濾，在直覺中與世界打成一片。

百丈懷海隨他的師傅馬祖道一外出，看見一群野鴨子飛過。馬祖問：「那是什麼？」百丈說：「野鴨子。」馬祖又問：「飛到哪兒去了？」百丈又說：「飛過去了。」馬祖便使勁擰百丈的鼻子，百丈痛得大叫。馬祖說：「再說飛過去了。」百丈言下省悟。

百丈「悟」到了什麼呢？看起來，他的回答合情合理，反而是馬祖的一擰超乎常情之外。然而，馬祖正是要用這不可思議的方式提醒百丈注意：人爲的語言文字並不是眞實本身，不能用它們去談論、思考和接近那眞實的本體。胡塞爾

《現象學的觀念》指出：「一個想看見東西的盲人不會通過科學論證來使自己看到什麼，物理學和生理學的顏色理論不會產生像一個明眼人所具有的那種對顏色意義的直觀明晰性。」語言肢解和遮蔽了「概念化之前的世界」，我們要回到「未經污染的原初狀態」，就必須放棄對語言的執著和依賴。正所謂：「寶月流輝，澄潭佈影，水無蘸月之意，月無分照之心，水月兩忘，方可稱斷。」水月兩忘，即「直下便見」，不經過邏輯思維的過濾，在直覺中與世界打成一片。

還有一則公案說：

烏龍長老訪馮濟川說話次，云：「昔有官人問泗州大聖：『師何姓？』聖曰：『姓何。』官云：『住何國？』聖曰：『住何國。』此意如何？」龍云：「大聖本不姓何，亦不是何國人，乃隨緣化渡耳。」馮笑曰：「大聖決定姓何，住何國。」如是往返數次，遂致書於師，乞斷此公案。師云：「有六十棒。將三十棒打大聖，不合道姓何；三十打濟川，不合道大聖決定姓何。」

大聖「不合道」（不應該說），濟川「不合道」，所有對於語言文字的拘泥、粘著都是錯誤的。百丈被馬祖擰鼻，理由亦在於此。

「梅子熟也」

人們常用「頓悟」來描述南宗禪的修行法門，這是對的，但還須加上「漸修」二字。「頓悟漸修」，二者缺一不可。

馬祖道一有個弟子，名叫法常（七五二—八三九）。他從馬祖那裡聽到「即心即佛」一句話後，立即大悟，就另去餘姚南七十里的大梅山居住。道一想了解他領悟的程度，派一個人去問他：「和尚見馬師得個什麼便住此山？」法常說：「馬師回我道即心即佛。」那人說：「馬師近日佛法又別，不道即心即佛，又道非心非佛。」法常回答道：「這老漢惑亂人未有了日，任汝非心非佛，我只管即心即佛。」那人回去告訴道一，道一聽了，印可說：「大衆！梅子熟也！」

人們常用「頓悟」來描述南宗禪的修行法門，這是對的，但還須加上「漸修」二字。「頓悟漸修」，二者缺一不可。法常已經頓悟，但在馬祖看來，頓悟只是「理性」的豁然徹悟，而習氣淨除卻要逐事去體驗，所以，法常從悟解把握到踐行的本源之後，還須下修持的工夫。曹山本寂禪師談到怎樣修持時強調，要像路過蠱毒之鄉，水也不得沾一滴。可見，南宗的修持是認定地不受染污，並使心地的理性隨處體現，灼然朗照。這種「實際理地不受一塵，萬行門中不捨一法」的修持工夫是異常嚴肅、謹愼的，看不到這一點，便沒有眞正懂得南宗的修行法門。馬祖之考驗法常，即是看他能否堅定地承當、應付一切行事；當他感到法常由悟深入，已透徹全體時，才承認「梅子熟了」。只有頓悟而不修持，梅子是不可能熟的。

我們再來看兩則公案：

福州靈雲志勤禪師，本州長溪人。初在潙山，因見桃花悟道，有偈曰：「三十年來尋劍客，幾回落葉又抽枝。自從一見桃花後，直至如今更不疑。」潙山覽偈，詰其所悟，與之符契。潙曰：「從緣悟達，永無退失，善自護持。」

福州長慶慧棱禪師，往來雪峰、玄沙（兩位禪師）二十年間，坐破七個蒲團，不明此事。一日捲簾，忽然大悟，乃有頌曰：「也大差，也大差，捲起簾來看天下，有人問我解何宗，拈起拂子劈口打。」峰舉謂玄沙曰：「此子徹去也。」沙曰：「未可，此是意識著述，更須勘過始得。」至晚，衆僧上來問訊，峰謂師曰：「備頭陀未肯汝在，汝實有正悟，對衆舉來。」師又頌曰：「萬象之中獨露身，唯人自肯乃方親。昔時謬向途中覓，今日看來火裡冰。」峰乃顧沙曰：「不可更是意識著述？」

志勤禪師「悟道」之後還須「善自護持」，慧棱禪師「大悟」後還須經雪峰、玄沙的嚴「勘」，南宗對修證工夫的重視是一以貫之的。如陸桴亭《思辨錄輯要》卷三所說：「人性中皆有悟，必工夫不斷，悟頭始出。如石中皆有火，必敲擊不已，火光始現。然得火不難，得火之後，須承之以艾，繼之以油，然後火可不滅。故悟亦必繼之以躬行力學。」因悟而修，以修承悟，悟與修不可分割。

「如何是祖師西來意」

禪是一個直接經驗的世界。

禪只能親身接觸，親自體驗，不能通過語言來傳授，不能運用理智來分析。

有僧問馬祖道一：「請師直指某甲（達摩）西來意。」道一說：「今天我疲倦了，不能對你說，你去問智藏吧。」僧問智藏。智藏道：「何不問和尚（道一）？」僧說：「和尚教來問你。」智藏答道：「我今天頭痛，不能對你說，你問海兄（懷海）去。」僧問百丈懷海。懷海說：「我不會這個。」僧返回道一那兒說明情由。道一說：「藏頭白，海頭黑。」

一個名叫龍牙的僧人請教翠微：「如何是祖師西來意？」翠微叫他拿過禪板來。龍牙拿來禪板，他接過便打。龍牙道：「打儘管打，究竟什麼是西來意？」龍牙又去請教義玄，義玄叫他拿過蒲團來。龍牙拿來蒲團，他接過便打。龍牙道：「打儘管打，究竟什麼是西來意？」

「如何是祖師西來意？」其實是問：「究竟什麼是禪？」

究竟什麼是禪？這個問題能用語言回答嗎？六祖慧能曾問他的弟子們：「我有法，無名無字，無眼無耳，無身無意，無言無示，無頭無尾，無內無外，亦無中間，不去不來，非青黃赤白黑，非有非無，非因非果。此是何物？」大眾面面相看，不敢答。時有荷澤寺小沙彌神會，年始十三，答：「此乃佛之本源。」慧能問：「云何是本源？」神會答：「本源者，諸佛本性。」慧能問：「我說無名無字，汝云何言佛性，有名字？」神會答：「佛性無名字，因和尙問故立名，正名字時，即無文字。」

從思辨的角度看，神會的回答是相當周密的，簡直當得起「滴水不漏」的評價。然而，思辨活躍的地方，禪便沒有立足之地。「由於禪只認識日常生活本身的事實，因此它就能在最平凡、最平穩的普通人的生活中表現出來。」（鈴木大拙語）禪是生活，是生命，是本體的存在。禪只能親身接觸，親自體驗，親自領悟。禪不能通過語言來傳授，不能運用理智來分析。因此，神會自以爲回答得很高明，慧能卻說他「向後沒有把茆蓋頭也，只成得個知解宗徒。」同樣的道理，當某僧和龍牙追問究竟什麼是禪時，或者得到莫名其妙的答案，或者挨一頓打。因爲，他們問得不對！只有將他們一棒子打回去，才能「逼使」他們去體驗禪，領悟禪。

禪是一個直接經驗的世界。

石頭路滑

所謂「石頭路滑」，是說希遷禪師的作風和接引人的方法都很嚴厲。希遷的法門，據他自己介紹，是「不論禪定精進，惟達佛之知見」，「能自知之，即無所不備。」由個別上顯出全體，即事而眞，圓轉無礙。

鄧隱峰辭馬祖，師曰：「何處去？」曰：「石頭去。」師曰：「石頭路滑。」鄧對曰：「竿木隨身，逢場作戲。」便去。才到石頭，即繞禪床一匝，振錫（杖）一聲，問，「是何宗旨？」石頭曰：「蒼天！蒼天！」峰無語，卻回舉似師。師曰：「汝更去問，待他有答，汝便噓兩聲。」峰又去。依前問，石頭乃噓兩聲。峰又無語，回舉似師。師曰：「向汝道，石頭路滑！」

所謂「石頭路滑」，是說希遷禪師的作風和接引人的方法都很嚴厲。鄧隱峰自負不淺，希遷輕噓兩聲，便表明了鄧隱峰的見地尚不到家。他運用機鋒，直是出人意表，匪夷所思。

希遷（七〇〇—七九〇）出身於端州（今屬廣東）高要陳氏。他在青原行思處學有所得後，在唐玄宗天寶初年來到湖南衡山的南寺。南寺附近有塊大石，平整如台，希遷在上面結庵居住，故被稱爲石頭和尚。與江西南康的馬祖道一，稱並世二大士。

門人慧朗問如何是佛，希遷呵道：「汝無佛性！」慧朗反問說：「一切含靈都有佛性，我爲何卻沒有？」希遷直示道：「爲汝不肯承當。」慧朗言下大悟。

門人道悟問佛法大意，希遷答道：「不得，不知。」又問：「向上更有轉處否？」又答：「心空不礙白雲飛。」這是暗示道悟在悟入之後，機境無限，不妨自在運用。

希遷的法門，據他自己介紹，是「不論禪定精進，惟達佛之知見」，「能自知之，即無所不備。」由個別上顯出全體，即事而眞，圓轉無礙。馬祖道一常說「石頭路滑」，確能道出其禪風嚴厲而又綿密的特徵。

誰垢汝

即心即佛，心佛衆生，菩提煩惱，名異體一。汝等當知，自己心靈，體離斷常，性非垢淨，湛然圓滿，凡聖齊同。

有僧問石頭希遷：「如何是解脫？」

石頭反問：「誰縛汝？」

問：「如何是淨土？」

反問：「誰垢汝？」

問：「如何是涅槃？」

反問：「誰將生死與汝？」

石頭以矛攻盾，正言若反，抽釘拔楔，沉著痛快。他的意思是說：既然沒有誰綁住你，那就是已經解脫；既然沒有誰弄髒你，那便處處都是淨土；既然無生死之別，又何必追求涅槃？所以，石頭一再強調：「即心即佛，心佛衆生，菩提煩惱，名異體一。汝等當知，自己心靈，體離斷常，性非垢淨，湛然圓滿，凡聖齊同。」

或問：「如何出輪迴？」

答曰：「輪迴有什麼不好？」

此等機鋒，亦是石頭一路。

「一日不作，一日不食」

懷海禪師終生奉行「一日不作，一日不食」的準則，直到耄耋之年，依然操作不休。

「一日不作，一日不食」之語，就是對他偉大人格的一個側面的概括。

「一日不作，一日不食」的生活原則是與懷海的名字聯在一起的。懷海（七二〇—八一四），俗姓王，福州長樂（今屬福建）人。出家後師事馬祖道一，前後六年，得到印可。後住新吳大雄山，又名百丈山，世稱「百丈禪師」。著有

《百丈懷海禪師語錄》、《百丈懷海禪師廣錄》各一卷。

懷海是叢林制度的建立者。按照原始的佛教，僧人不能耕田種植，恐怕傷生害命；他們專靠乞食為生。這在印度也許行得通，但在中國，則會被鄙薄為懶蟲生活，而且也不利於生理、心理的健全。於是，懷海毅然建立叢林制度，（《大智度論》卷三說：「多比丘一處和合，是名僧伽。譬如大樹叢聚，是名為林。……僧聚處得名為林。」）把禪學貫徹到勞動中：平日專心致志於修行求證佛法，遇有勞作，則由大家共同承擔，或耕種，或收穫，或燒飯，或拾柴。這裡沒有上下卑賤之分，大小僧侶都須參加，叢林俗語，名為「普請」。《僧史略》卷上：「共作（謂勞作、勞動）者，謂之普請。」

懷海禪師終生奉行「一日不作，一日不食」的準則，直到耄耋之年，依然操作不休。弟子們過意不去，只好將他的勞動工具藏了起來。他找不到工具，便拒絕進食，表示一天不出去勞作，就一天不吃飯。「一日不作，一日不食」之語，就是對他偉大人格的一個側面的概括。

從健身的角度看，勞動有助於血液循環、筋骨結實，從道德的角度看，為人表率、身體力行，正是大師風範。禪宗牛頭派的創始人法融禪師（五九四—六五七），早年住山靜修，人稱「懶融」，「見人不起，亦不合掌」；經過長期的參究，終於悟道，當日的懶融遂一變而爲以利他爲信條的大師：「唐永徽中，徒衆乏糧，師往丹陽緣化，去山八十里，躬負一石八斗，朝往暮還，供僧三百，二時不闕。」親自化緣、背米養活徒衆，如此慈愛的情懷，與「一日不作，一日不食」的原則無疑是相通的：以勞動爲其宗教的禪師，他謙遜而清澈的心必然裝著他人。《世說新語》裡記載說，東晉庾亮曾到佛塔參觀，看見臥佛，便說：「此子疲於津梁。」（這位是因忙於引渡衆生而疲勞了。）其實，後世的許多偉大禪師又何嘗不是如此？

野狐禪

不落因果，爲何墮爲野狐？不昧因果，爲何能渡脫野狐？懷海獨具隻眼，強調對「當下」的把握而不去憂慮因果鏈條中的「將來」，所以獲得了大自在。

懷海在百丈山說法，時常見到一位老人跟和尚們一起聽。和尚們散去，老人也離開。

一天，別人都走了，但老人還站在法堂中。

懷海問：「你是誰？爲什麼還不走？」

老人說：「我不是人。過去迦葉佛在世時，我曾住持此山，宣講佛法。一個僧人問我：『大修行的人還落因果嗎？』我說：『不落因果。』就因爲這句話，我被罰五百世墜爲野狐。請和尚大發慈悲，爲我轉迷開悟，好讓我脫離野狐之身。」

懷海同意了。

於是，老人問：「大修行的人還落因果嗎？」

「不昧因果！」懷海響亮地答道。

老人於言下大悟，作禮說：「我已脫離野狐之身。我住在後山，我死後，請和尚按僧人的禮儀爲我做法事。」

飯後，懷海果然帶領衆僧，依亡僧的禮儀將野狐的屍體火葬。

不落因果，爲何墜爲野狐？不昧因果，爲何能渡脫野狐？懷海獨具隻眼，強調對「當下」的把握而不去憂慮因果鏈條中的「將來」，所以獲得了大自在。

南泉斬貓

兩堂的和尚爭貓，便是出於迷執，對「你之物」、「我之物」的迷執。南泉揮刀斬貓，意在掃除和尚們迷執的對象。

普願禪師是慧能的法曾孫，是馬祖道一的法嗣。他住池州南泉山三十多年，人稱南泉普願。

一天，南泉寺院裡，東西兩堂的和尚爭一隻貓，南泉看到了，對大家說：「說得出合乎佛道的話，這隻貓就得救，說不出就斬掉它。」誰也說不出來，南泉遂將貓斬爲兩段。

過了一會兒，趙州從諗禪師（七七八—八九七）從外面回來，南泉拿剛才的事問他。趙州並不回答，只是把草鞋脫下來放在頭上，走了出去。南泉說：「假如你當時在場的話，就能救這隻貓。」

這則公案意味著什麼？

東晉詩人陶淵明的《飲酒》詩說：「結廬在人境，而無車馬喧。問君何能爾？心遠地自偏。」喧者自喧，寂者自寂，只要保持超然的心境，就不會爲外物所動。趙州聽了南泉的問話，頭頂草鞋，走出門去，這正是心境超然的表徵，所以受到南泉的讚許。

我們這個世界長期以來一直受著邏輯的切割。現象與本質、主觀與客觀、人與我、內與外，諸如此類的表述，使人生分別心、生計較心。兩堂的和尚爭貓，便是出於迷執，對「你之物」、「我之物」的迷執。南泉揮刀斬貓，意在掃除和尚們迷執的對象。用這方法來結束爭論，堪稱當機妙用。

圓悟頌云：

公案圓來問趙州，長安城裡任閒遊。
草鞋頭戴無人會，歸到家山即便休。

「歸到家山」，即回到世界未被分割的狀態，回到「本來無一物」的一切圓滿、一切現成的狀態，回到我們精神的家園。一旦重返家山，我們的人生便一派青山綠水。

智閑是潙山靈祐的門人，仰山慧寂的師弟。智閑作一偈云：「去年貧，未是貧，今年貧，始是貧；去年貧無卓錐之地，今年貧，錐也無。」仰山說：「如來禪許師弟會，祖師禪未夢見在。」智閑又作一頌說：「我有一機，瞬目視伊。若人不會，別喚沙彌。」仰山這才告訴潙山說：「且喜閑師弟會祖師禪也。」

祖師禪即南宗禪，如來禪則泛指未了名相的傳統禪法。智閑的第一偈，執著於區別「貧」的程度，陷於如來禪中；第二偈直指本心，見性成佛，不再斤斤計較於名相，這才是祖師禪的境界。

無手腳者始解打鑼

在禪的無心狀態中，我拋卻了我整個的存在，達到了那意識的安寧之域。

在這種無心狀態中，生活變為藝術，我則是生活的藝術家。

南泉問密禪師：「你是用手打鑼，還是用腳打？」

密禪師請南泉開示。

南泉說：「好好記住這件事，今後遇到明眼人，你只管將這件事講給他聽。」

後來，雲岩就此評議道：「無手腳者始解打。」

雲岩所說，即禪的無心狀態。在這一狀態中，我拋卻了我整個的存在，達到了那意識的安寧之域；在直覺中，在不知不覺中，我走向目標，沒有任何緊張不安，沒有任何不協調。正如日本禪師至道無難的一首和歌所說：

當我們活著，做一個死人，徹底死去；
然後如願而行，一切盡善。

在這種無心狀態中，生活變爲了藝術，我則是生活的藝術家。

「兩頭皆截盡」

禪宗的極致是領悟那個與「無」同體的超善惡、是非、因果的本體世界，領悟源初的生命存在。

當藥山坐禪時，有一僧問道：「兀兀地思量什麼？」
師曰：「思量個不思量底。」
曰：「不思量底如何思量？」
師曰：「非思量。」
既不是「思量」，又不是「不思量」，這樣截盡兩頭，還剩下什麼？

據說，六祖慧能曾總結出三十六組相對的範疇，如：天與地，日與月，明與暗，陰與陽，水與火，語與法，有與無，有色與無色，有相與無相，有漏與無漏，色與空，動與靜，清與濁，凡與聖，僧與俗，老與少，大與小，長與短，邪與正，痴與慧，愚與智，亂與定，慈與毒，戒與非，直與曲，實與虛，險與平，煩惱與菩提，常與無常，悲與害，喜與瞋，捨與慳，進與退，生與滅，法身與色身，化身與報身。慧能臨死，傳授秘訣給十大弟子說：「吾滅度後，汝各爲一方頭，吾教汝說法不離本宗。若有人問法，出語盡雙，皆取對法，來去相因，究竟二法盡除，更無去處。」他舉明暗爲例說：「明是因，暗是緣，明沒則暗，以明顯暗，以暗顯明，來去相因，成中道義。」慧能的意思，是教弟子說話顧及兩方面，不偏在一方，最終達到二法盡除，兩頭截盡的效果。

慧能和藥山是在故弄玄虛嗎？非也。禪宗的極致是領悟那個與「無」同體的超善惡、是非、因果的本體世界，領悟源初的生命存在。「悟」既不是理性的（思量），又不是無理性的（不思量），而是超理性的（非思量）。所以，無論思量還是不思量，全在掃除之列。截盡兩頭後，聽者有可能被引入生命存在的深處。

（百丈）指淨瓶問曰：「不得喚作淨瓶，汝喚作什麼？」林（華林）曰：「不可喚作木櫝也。」丈乃問師（潙山），師踢倒淨瓶便出去。

潙山之所以踢倒淨瓶，即意在盡除二法，以免落入思辨、理性和語言的束縛中。

雲在青天水在瓶

「煉得身形似鶴形，千株松下兩函經。
我來問道無餘說，雲在青天水在瓶。」

雲在青天，隨風舒卷；水在瓶中，清澄如鏡。雲動水靜，一任自然。

唐代的惟儼禪師，十七歲出家，後參謁石頭禪師，密領玄旨，得其衣鉢，住澧州（今湖南澧縣）藥山。李翺任朗州刺史，仰慕其名，屢請不赴，遂親自入山拜訪。

李翺問惟儼：「如何是道？」惟儼用手指上下，問：「懂得麼？」李翺說不懂。惟儼道：「雲在青天水在瓶。」

李翺欣然禮謝，作詩云：

煉得身形似鶴形，千株松下兩函經。
我來問道無餘說，雲在青天水在瓶。

雲在青天，隨風舒卷；水在瓶中，清澄如鏡。雲動水靜，一任自然。

李翺又問：「如何是戒、定、慧？」惟儼道：「貧道這裡無此閒家具。」李不明白他的深意。惟儼說：「太守想保任此事，須向高高山頂立，深深海底行。閨閣中物捨不得，便爲滲漏。」李聽了，又作一詩云：

選得幽居愜野情，終年無送亦無迎。
有時直上孤峰頂，月下披雲嘯一聲。

戒、定、慧是佛學的三個主要部分，但在惟儼看來都是無用之物。他一向反對門人看經。門人問他自己爲什麼看經，他說：「我只圖遮眼，若是你們，牛皮也須看透。」所謂「高高山頂立」，就是要掃除外在的偶像，體現出「我即是佛」的氣概。有了這種氣概，才有精神的獨立，才能悟道。

據說，宋代的宰相張商英在參禪大悟後，曾作李翺見惟儼公案頌古云：

雲在青天水在瓶，眼光隨紙落深坑。
溪花不耐風霜苦，說甚深深海底行？

這是什麼意思？

《朱子語類》卷一百十八記載：壽昌問朱熹：「鳶飛魚躍，何故便仁在其中？」朱熹微笑道：「公好說禪；這個亦略似禪，試將禪來說看。」壽昌說：「莫是『雲在青天水在瓶』麼？」理學家之有得於禪，亦屬禪門佳話。

三界無法，何處求心

三界無法，何處求心？
白雲爲蓋，流泉作琴。
一曲兩曲無人會，雨過夜塘秋水深。

幽州盤山寶積和尚，是馬祖一脈的尊宿。

一天，盤山示衆說：「三界無法，何處求心？四大本空，佛依何住？璿璣不動，寂止無痕。覿面相呈，更無餘事。」

雪竇頌云：

三界無法，何處求心？
白雲為蓋，流泉作琴。
一曲兩曲無人會，雨過夜塘秋水深。

法是什麼？是白雲，是流泉，是夜塘秋水。風來雲動，雨過水深。一切皆是眼前景，自自然然頭頭是道。不必去分別什麼，不必去思索什麼，在你物我兩忘時，眼前正是一片好風景，人生正美麗如畫。

所以，禪宗一再提醒你：

處處逢歸路，頭頭達故鄉。
本來現成事，何必待思量？

禪有時也會氣勢奔放地高唱一聲：

春天月夜一聲蛙，撞破乾坤共一家。

一則公案說：有一行者，隨法師入佛殿。行者向佛而唾。法師責怪行者唾佛，行者道：「那好，你找一塊無佛的地方讓我睡。」法師無言以對。

何處無佛？何處無法？

「見山只是山，見水只是水」

「見山只是山，見水只是水。」

山水是生氣勃勃的，人也是生氣勃勃的，物我兩忘，物我一體，超越世俗，回歸自然。

老僧三十年前未參禪時，見山是山，見水是水。

及至後來，親見知識，有個入處，見山不是山，見水不是水。

而今得個休歇處，依前見山只是山，見水只是水。

大衆，這三般見解，是同是別？

青原惟信的這三種見解，表達了對世界的三種態度。

第一種態度：「見山是山，見水是水。」這是用邏輯思維法則來把握人生事實。見到了山，便貼上「山」的概念；見到了水，便貼上「水」的概念。自然山水不再是蔥蘢、碧綠的風景，而是一個概念，一個類別，一個抽象的邏輯學意義上的事物。

第二種態度：「見山不是山，見水不是水。」這是以非邏輯的第三隻眼來看待人生事實。見到了山，卻並不貼上「山」的概念；見到了水，也並不貼上「水」的概念。掃除名目的糾纏，丟掉語言的拐杖，以便接近它本來的面目。

第三種態度：「見山只是山，見水只是水。」這是以沒有灰塵的明鏡般的心來觀照人生事實。見到了山，就根據山的本來面目去體驗山；見到了水，就根據水的本來面目去體驗水。山水是生氣勃勃的，人也是生氣勃勃的，物我兩忘，物我一體，超越世俗，回歸自然。

宋代葉茵的《山行》詩說：

青山不識我姓字，我亦不識青山名。
飛來白鳥似相識，對我對山三兩聲。

這四句詩頗有「見山只是山，見水只是水」的氣象。陶淵明《飲酒》其一有「採菊東籬下，悠然見南山」之語，蘇軾《東坡題跋》云：「因採菊而見山，境與意會，此句最有妙處。近歲俗本皆作『望南山』，則此一篇神氣都索然矣。」東坡之後，便有不少詩人著意表現陶淵明這種悠然而「境與意會」的情趣。葉茵此詩亦然。「青山不識我姓字，我亦不識青山名」，正寫出葉茵的超脫：他與青山都未用「名」肢解對方，故他與青山都呈露了自身的本來面目；「飛來白鳥」「對我對山三兩聲」，愈見得「我」與青山已渾然一體，不再存有一絲機心。何等平凡，又何等超拔！

翠竹黃花非外境，白雲明月露全真。
頭頭盡是吾家物，信手拈來不是塵。

吃茶去

禪如三月的風，禪如春日的陽光，甚至，禪如長途跋涉後喝到的茶，順乎自然，順乎人情，超然怡然，便禪意盎然。

唐代的從諗禪師，住趙州（今河北趙縣）觀音院，叢林中稱趙州從諗。

一天，來了幾名新弟子。趙州問其中的一位：「你以前來過這裡嗎？」僧答：「來過。」趙州說：「那好，吃茶去吧！」趙州又問另一位，僧答：「沒到過這裡。」趙州說：「那好，吃茶去吧！」

院主大惑不解，問趙州：「來過也吃茶去，沒來過也吃茶去，這是什麼意思？」趙州叫了一聲：「院主。」院主脫口而出：「在。」趙州說：「吃茶去吧！」

馬祖道一曾說：「平常心是道。何謂平常心？無造作，無是非，無斷常，無凡無聖。」禪是平易親切的，任何將禪神秘化、神聖化的想法都是與禪格格不入的。平凡的日常生活中即充滿了禪機。因此，當這些新來的弟子，滿懷對於禪的崇奉之情來求教於趙州時，趙州首先提醒他們：切莫以正襟危坐的態度來對待禪，切莫將參禪看成一樁艱難而沉重的事業，禪如三月的風，禪如春日的陽光，甚至，禪如長途跋涉後喝到的茶，順乎自然，順乎人情，超然怡然，便禪意盎然。

曙色未曉人盡望，及乎天曉也如常。

某僧問雪峰義存：「古人道，路逢達道人，不將語默對，未審將什麼對？」義存答：「吃茶去。」

某僧問保福從展禪師：「古人道，非不非，是不是，意思是什麼？」從展拈起茶盞。

某僧問資福如寶禪師：「如何是和尚家風？」如寶道：「飯後三碗茶。」

奇妙奇妙，擔水砍柴。

「無」就是「我」，就是整個宇宙。「天上天下，惟我獨尊！」

「無」字公案

一個和尚問趙州從諗：「狗子有沒有佛性？」

趙州答：「無。」

和尚又問：「一切衆生皆有佛性，狗子爲什麼卻沒有？」

趙州答：「因爲它有業識在。」

趙州的回答是令人驚訝的。佛教認爲：「人人都有佛性，一切有情（有生命的東西）都有佛性」，爲什麼趙州要唱反調？此外，「業」指一切身心活動，「識」指一切精神現象，這都是人間的事，趙州何以說狗有業識？

趙州以其一反定論的回答震動了禪林。

趙州的目的，其實是要禪衆不要用教條去求佛。他也許沒有料到，這一回答影響深遠，以至於成爲後世參禪的對象。宋朝禪師大慧宗杲說：

見月休觀指，歸家罷問程，情識未破，則心火熠熠也。正當恁麼時，但只以所疑底話頭提撕。如僧問趙州：「狗子還有佛性也無？」州云：「無。」只管提撕舉覺，左來也不是，右來也不是，又不得將心等悟，又不得向舉起處承當，又不得玄妙領略，又不得作有無商量，又不得作眞無之無卜度，又不得坐在無事甲（人）裡，又不得向擊石火閃電光處會，直得無所用心，心無所用之時，莫怕落空，卻是好處，驀地老鼠入牛角，便見倒斷也。

柳田聖山以爲，源於印度的冥想法，經過了漫長的探索過程，才達到參「無」字公案的境界。意志集中的訓練是禪的本質，這種磨練扼要地表現了極其簡明而獨特的方法，從對「無」字的質疑開始，通過對它的突破，顯示出其主體性。

「無」就是「我」，就是整個宇宙。「天上天下，惟我獨尊！」

赤腳下桐城

什麼是佛？什麼是禪？什麼是和尚家風？

它們是單純的、實際的，就在當下的生活中，我們要做的，只是以澄明之心看清它的意義。

宗道禪師隱居投子山，常用袈裟裹草鞋和經文。

有僧問：「如何是和尚家風？」

宗道答：「袈裟裹草鞋。」

僧問：「這話是什麼意思？」

宗道答：「赤腳下桐城。」

用袈裟裹草鞋，這是宗道的習慣；草鞋在袈裟裡，於是赤腳走路。宗道說出眼前一目瞭然的事實，可僧人卻理解不了。

有僧問翠微：「如何是祖師西來意？」

翠微道：「待無人時，我告訴你。」

後入園中，僧人說：「此間無人，請講。」

翠微指竹道：「你看這一竿長得這麼長，這一竿卻這麼短，可它們都是美麗的竹子呀。」

這憎忽然大悟。

什麼是佛？什麼是禪？什麼是和尚家風？都不可能通過抽象思維和語言闡述而弄明白。它們是單純的、實際的，就在當下的生活中，我們要做的，只是以澄明之心看清它的意義。

投子的回答

禪宗强調「一切現成」，思量與議論無助於悟道。佛就是佛本身，道就是道本身，法就是法本身。

有人問投子和尚：「如何是佛？」

他答道：「佛。」

「如何是道？」

「道。」

「如何是法？」

「法。」

投子的回答方式，與法眼宗的創立者文益相近。有一天，文益上堂，有僧問：「如何是曹溪一滴水？」文益說：「是曹溪一滴水。」

文益與投子這種對問話的重複，究竟有什麼意義呢？原來，禪宗強調「一切現成」，思量與議論無助於悟道。佛就是佛本身，道就是道本身，法就是法本身。有時他們說些人盡皆知的常識，如「五五從來二十五」、「貓心偏能捉老鼠」；有時他們採用詩一般的描寫，如「煙村三月裡，別是一家春」、「幾般雲色出峰頂，一樣泉聲落檻前」；有時他們舉出最沒有根據的事物，如「秤錘井底忽然浮，老鼠多年變作牛」、「虛空走馬，旱地行船」……凡此種種，都旨在折斷提問者的思維之箭，使他們體驗平凡永恆的「實在」和「眞諦」。

天然燒木佛

百丈創立叢林清規，不立佛殿，不供佛像，即意在突出「心即是佛」的禪宗宗旨。

唐代丹霞山的天然禪師是個氣魄雄偉的人物。一次，他在慧林寺遇天大寒，遂燒木佛取暖。院主喝斥道：「怎麼能燒我木佛？」天然用禪杖撥了撥灰，說：「我燒取舍利（指德行較高的和尚死後燒剩的骨頭）。」院主道：「木佛哪會有舍利？」天然說：「既然沒有舍利，再取兩尊來燒。」

天然的舉動是大有深意的。木佛出現於隋文帝時。那時來了位印度僧人，「刻木爲十二神形」於成都雒縣大石寺塔下，是爲佛像雕刻的開始。唐代曹不興、吳道子善畫佛像，雕塑鑄像才逐漸流行。作爲藝術品，這些佛像是值得珍視的；但如果當作偶像來崇拜，那就誤入歧途。百丈創立叢林清規，不立佛殿，不供佛像，即意在突出「心即是佛」的禪宗宗旨。

慧能的六世法孫宣鑒曾以掃蕩所有權威的豪邁氣概告誡弟子們莫要迷信佛祖，他說：「我這裡佛也無，祖也無，達磨是老臊胡，十地菩薩是擔屎漢，等妙二覺（等覺妙覺爲二覺，即佛）是破戒凡夫，菩提涅槃是繫驢橛，十二分教（十二部大經）是鬼神簿，拭瘡疣紙，初心十地（菩薩）是守古冢鬼，自救得也無。佛是老胡屎橛。」

這便是禪宗的人格教育！那意思是：挺起你的胸膛，認眞而豪邁地站在天地之間。以健全的身心面對世界，不要在權威面前有一絲一毫的膽怯。佛也是人，我也是人，我即是佛！既然如此，又何必拜倒在佛的腳下。《古尊宿語錄》載：

黃蘗（斷際禪師）謂臨濟（義玄禪師）云：「我最得者（這）拄杖氣力。」臨濟近前奪下拄杖，推倒黃蘗。黃蘗遂云：「扶起我來，扶起我來！」時有一僧近前扶起，云：「和尚爭容得者（這）瘋顚漢恁地無禮。」黃蘗卻打其僧數下。

臨濟推倒師傅，並不受責；另一僧扶起師傅，卻挨黃蘗的打。此中深意，在於臨濟與師傅心心相印，他們都明白：生命的個體必須具備絕世獨立、勇往直前的氣概！

給人飯吃也是過錯

禪宗强調自證、自悟，靠飽讀經書是不可能悟道的，所以說，給的人和吃的人，都是瞎漢。

丹霞問僧：「你從何處來？」

僧答：「山下來。」

丹霞問：「吃飯了嗎？」

僧答：「吃飯了。」

丹霞問：「給你飯吃的那個人，還有眼麼？」

僧無言以對。

保福和長慶兩位禪師，經常在一起參究古人公案。長慶問保福：「給人飯吃，於人有恩，為什麼說他沒眼？」

保福道：「給的人和吃的人，都是瞎漢。」

雪竇禪師的一首詩頌云：

盡機不成瞎，按牛頭吃草。

四七二三諸祖師，寶器持來成過咎。

過咎深，無處尋，天上人間同陸沉。

四七二十八，二三得六，指的是西天二十八祖和東土六祖。這些佛祖，津津於說法，留下讀不完的經文。這些經文，便是所謂「寶器」。寶器中盛滿了給人吃的「飯」。但禪宗強調自證、自悟，靠飽讀經書是不可能悟道的，所以說，給的人和吃的人，都是瞎漢。

靈祐撥火

一個眞正學佛參禪的人，必須經過嚴格的禪定修持，必須有平心靜氣的心性修養功夫，必須抱定「遁世不見知而無悶」的宗旨，矢志不渝，百折不撓，才能最終臻於明心見性之境。

溈仰宗是禪宗五家之一。此宗的開創者靈祐和靈祐的弟子慧寂曾先後在潭州的溈山（在今湖南省寧鄉縣西）、袁州的仰山（在今江西省宜春縣南），舉揚一家的宗風，故名溈仰宗。

相傳靈祐二十三歲時，到江西百丈山參拜懷海，懷海一見就讚許他，遂爲「上首」弟子。一天，懷海對他說：「汝撥爐中，有火否？」靈祐撥了一下，說：「無火。」懷海走下座來親自去撥，撥到深處，撥出了一點火星，便舉給靈祐看，說：「此不是火！」靈祐當即大悟。懷海說：「此乃暫時歧路耳！經云：『欲識佛性義，當觀時節因緣，時節既至，如迷忽悟，如忘忽憶，方省己物不從他得。』故祖師云：『悟了同未悟，無心亦無法。』只是無虛妄凡聖等心，本來心法元自備足，汝今既爾，善自護持！」

靈祐撥火，毫無所得，懷海撥到深處，終於撥出火星。可見頓悟因緣，是從尋思純熟，機緣湊泊而發。這可以避免對禪宗的諸多誤解。一個眞正學佛參禪的人，必須經過嚴格的禪定修持，必須有平心靜氣的心性修養功夫，必須抱定「遁世不見知而無悶」的宗旨，矢志不渝，百折不撓，才能最終臻於明心見性之境。否則，憑一己的小慧，掉弄機鋒，便自以爲已頓悟得道，那不是愚蠢，便是狂妄。工夫與見地，二者不可或缺。所以，當有人問靈祐：「頓悟之人更有修否？」他答道：「若眞悟得本他自知時，修與不修是兩頭語。如今初心雖從緣得一念頓悟之理，猶有無始曠劫習氣未能頓淨，須教渠淨除現業流識，即是修也。不道別有法教渠修行趣向。」

唐代的希運禪師弘法於黃蘗山，又稱黃蘗祖師。他的《上堂開示頌》說：

塵勞回脫事非常，緊把繩頭做一場。
不是一番寒徹骨，那得梅花撲鼻香。

希運禪師並且強調：在禪定修持的過程中，如果思想稍有鬆懈，便應當嚴肅地將這四句朗誦一遍。禪宗的大師們，其修行求證的工夫，確實當得起「寒徹骨」的考語。

放出溈山水牯牛

後期禪宗認爲，萬類之中，個個是佛；尋常、普通的生活中，處處充盈著禪機。

隨緣自適，作「尋常一個無事人」，就能獲得濃郁的禪意，就能品嚐到無以名狀的快樂。

溈山靈祐曾說：「老僧五百年後，到山下人家，作一頭水牯牛，左脅下寫五字：溈山僧靈祐。」

尼師劉鐵磨，機鋒峻峭，在溈山（今湖南省寧鄉縣西）立庵。一日來訪靈祐，靈祐一見，便說：「老母牛，你來啦！」

鐵磨問：「明日台山大會齋，和尚去嗎？」

靈祐倒身臥下。劉鐵磨隨即走了出去。

溈山與台山，相距數千里，劉鐵磨爲何問靈祐是否去吃齋？靈祐聽了，爲何便作臥勢？對於這則公案的旨趣，有一首詩可以作爲解答：

放出溈山水牯牛，無人堅執鼻繩頭。
綠楊芳草春風岸，高卧橫眠得自由。

的確，台山千里迢迢，何必心頭牽掛？閒卧高眠對青山，最貴世間無事人。

後期禪宗認爲，萬類之中，個個是佛；尋常、普通的生活中，處處充盈著禪機。故云：「青青翠竹，盡是法身；郁郁黃花，無非般若。」「運水搬柴，無非佛事。」「舉動施爲，語默啼笑皆是佛。」關鍵在於能夠處之以平常心，即超然的心境。著名的《永嘉證道歌》開頭就說：

君不見，絕學無為閒道人，不除妄想不求真。
無名實性即佛性，幻化空身即法身。

法身覺了無一物，本源自性天真佛。

隨緣自適，作「尋常一個無事人」，就能獲得濃郁的禪意，就能品嚐到無以名狀的快樂。如明代鄭瑄《昨非庵日纂》卷六所說：「佛語『隨緣』最有意味，有多少自在安舒，世人欲享和平之福，終身受用此二字不盡。」

圓夢

禪是平易親切的。天氣冷了添衣服，吃完飯後洗粥鉢，午睡後洗臉、喝茶，這便是禪境。

溈山禪師小睡時，仰山入室問訊。

溈山道：「剛才我做了一個夢，你試爲我圓看。」

仰山取來一盆水，給溈山洗臉。

過了一會兒，香嚴也來問訊。

溈山道：「我剛才做了一夢。仰山已為我圓了，你也替我圓看。」香嚴點了一碗茶，遞給溈山。

溈山讚許說：「你們的見解比舍利佛還要高明！」舍利佛是釋迦牟尼的「十大弟子」之一。他持戒多聞，敏捷智慧，善講佛法，故稱「智慧第一」。

禪是平易親切的。天氣冷了添衣服，吃完飯後洗粥鉢，午睡後洗臉、喝茶，這便是禪境。倘若思慮重重，絞盡腦汁，禪就消失了。

高處高平，低處低平

高處高平，低處低平，也就是放棄功利心、知解心，以物觀物，得到絕對的平。

一天，仰山慧寂隨著溈山靈祐開田，他指著一塊田問靈祐：「怎麼這頭這麼低，那頭那麼高？」靈祐說：「是不是放些水進去？水能平物，就可以看出高低來了。」慧寂說：「水也無憑。和尚但高處高平，低處低平。」靈祐同意他的話。

有人問長沙景岑禪師：「如何轉得山河國土歸自己去？」景岑反問道：「如何轉得自己成山河國土去？」以物觀物，則宇宙間的一切全是「道」的呈現，本無高低之分；以我觀物，加入了人的知解和功利的考慮，才會產生「這頭低、那頭高」之感。高處高平，低處低平，也就是放棄功利心、知解心，以物觀物，得到絕對的平。

南宗禪的一個精警的提問是：

一個人在孤峰頂上，無出身路；一個 人在十字街頭，亦無向背。且道哪個在前，哪個在後？

排除空間範疇的比較依據，邏輯在這裡便無能爲力了。只有心靈的悟才能應付裕如：

悟了遇人者，向十字街頭與人相逢，卻在千峰頂上握手；向千峰頂上相逢，卻在十字街頭握手。

一旦悟入，便不再「百種須索」、「千般計較」。因爲「高」與「低」、

「前」與「後」、「千峰頂上」與「十字街頭」，本沒有什麼區別。因爲：

處處綠楊堪繫馬，家家門底透長安。

呵佛罵祖的德山

借來的火，照不亮自身的心靈；不是自己體悟到的真理，不能真正屬於自己。

德山宣鑒禪師以呵佛罵祖聞名，但他最初卻是一個虔誠的《金剛經》學者。德山俗姓周，四川劍南人。早歲出家，博覽律藏，精通《金剛經》，時人稱爲「周金剛」。他聽說南方禪學大盛，非常氣憤地說：「出家人千劫學佛威儀，萬劫學佛細行，然後成佛。南方魔子竟敢說直指人心，見性成佛，我一定要到南方去搗其窟穴，滅其種類，以報佛恩。」他決心到南方去向禪宗挑戲。

（德山）遂擔《青龍疏鈔》出蜀，至澧陽路上，見一婆子賣餅，因息，看賣餅點心。婆指擔曰：「這個是什麼文字？」師曰：「《青龍疏鈔》。」婆曰：「講何經？」師曰：「《金剛經》。」婆曰：「我有一問，你若答得，施於點心，若答不得，且別處去。《金剛經》道：『過去心不可得，現在心不可得，未來心不可得。』未審上座點哪個心？」師無語。……

婆子的話是意味深長的。她提醒德山，一切名稱都是不完全的，所有對於世界的闡釋和說明，都是對於世界的切割，其結果是：「日鑿一竅，七日而渾沌死」。回到事物本身，經由悟獲得對於世界的嶄新認識，才是正確的選擇。

爲了受教，德山到了龍潭那兒，隨侍龍潭。他很刻苦，直到夜深還在苦苦尋思。

龍潭問：「更深何不下去？」

德山往外走。又回來說：「外面黑。」

龍潭就點了一支蠟燭遞給德山。德山剛要接到手，龍潭又把它吹滅了。

德山言下大悟，說：「從今以後，更不疑著天下老和尙的舌頭了。」

德山悟到了什麼呢？借來的火，照不亮自身的心靈；不是自己體悟到的眞理，不能眞正屬於自己。德山在明白了這一點後，便將所有的經疏付之一炬，進而呵佛罵祖。德山說：「達摩是個老臊胡，釋迦老子是乾屎橛，文殊普賢是擔屎漢，等覺妙覺是破戒凡夫，菩提涅槃是繫驢橛，十二分教是鬼神簿、拭瘡疣紙。」言外之意是說，不要把他們當作偶像來崇拜。

即這個是

所謂理也只有通過自相才能相傳。「即這個是」既有共相義，也有自相義，所謂「即事而眞」就是這個意思。

洞山良價（八〇七—八六九）是禪宗五家之一的曹洞宗的開創者，得法於雲岩曇晟（七八二—八四一）。在他辭別雲岩時，雲岩說：「你此去以後恐怕很難再見了。」洞山表示這不一定，但提出一個問題：「假如和尚死後，有人問你的面貌如何，該怎樣回答呢？」

洞山所提的問題，語含禪機，意思是：雲岩講法的精神實質是什麼？

雲岩聽了，也語含禪機地答道：「即遮（這）個是。」這句話使洞山沉默了好久，不得其解。

雲岩接著說：「此事應該仔細愼重，擔子不輕呀！」

洞山辭別了雲岩。途中涉水，洞山見到水裡自己的影子，恍然有省，認爲已明白了「即這個是」的含義。他隨即作了一偈：

切忌從他覓，迢迢與我疏。
我今獨自往，處處得逢渠。
渠今正是我，我今不是渠。
應須這麼會，方可契如如。

大意是說：影子就是本人，不必另外去尋找了，到處都會有的。

後來雲岩死了，洞山去供養雲岩的遺像（眞），有人問他：「『即這個是』

是否就指這遺像（眞）而言呢？」他答道：「雲岩開始說這句話時，我是不懂的；後來涉水見影時，也只是似懂而已；只有在看到遺像之後才是眞懂。遺像代表本人，才是『這個』，而以前幾乎誤會了雲岩的意思。」

上面這則公案說明了什麼呢？它是對曹洞宗法門的揭示。曹洞宗注重在個別的事上體會出理來，也就是「即事而眞」。呂澂先生解釋說：理是共相，但事上見理卻並不限於共相，因爲每事還各有別相。所以事上見理應該是既見到理也見到事，把認識到的規律運用於自相。因此，這個故事就是一個比喻：看到水中影還是共相，只有遺像中才能體現出他的原來面貌。因而所謂理也只有通過自相才能相傳。「即這個是」既有共相義，也有自相義，所謂「即事而眞」就是這個意思。

洞山的《寶鏡三昧歌》云：

如臨寶鏡，形影相睹。
汝不是渠，渠正是汝。

這可視為對於「水影」體會的補充。

「滅卻心頭火自涼」

在禪宗看來，佛與衆生的差異在於悟、迷之間。悟則衆生是佛，迷則佛是衆生。

有僧問洞山：「寒暑到來如何迴避？」洞山答：「到那沒有寒暑的地方去。」僧又問：「哪裡是沒有寒暑的地方呢？」洞山答：「冷時冷死你，熱時熱死你。」

有僧不懂這則公案，去問黃龍禪師：「到底該怎麼辦呢？」黃龍告訴他：「安禪不必須山水，滅卻心頭火自涼。」

在禪宗看來，佛與衆生的差異在於悟、迷之間。悟則衆生是佛，迷則佛是衆生。所謂悟，即自身心靈的淨化、超越。故慧能說：「心但無不淨，西方去此不遠；心起不淨之心，念佛往生難到。……使君但行十善，何須更願往生？不斷十惡之心，何佛即來迎請？」心靈的淨化是第一位的。「滅卻心頭火自涼」也是這個意思。

反過來看，心生種種魔生。心靈倘若不淨，則會墜入魔窟中。清代紀昀的《閱微草堂筆記》卷九，轉述了和尚明玉講的兩個故事：

西山有僧，見遊女踏青，偶動一念。方徙倚凝想間，有少婦忽與目成，漸相軟語，云：「家去此不遠，夫久外出。今夕當以一燈在林外相引。」叮嚀而別。僧如期往，果熒熒一燈，相距不半里，穿林渡澗，隨之以行，終不能追及。既而或隱或見，倏左倏右，奔馳輾轉，道路遂迷，困不能行，踣卧老樹之下。天曉諦觀，仍在故處。再視林中，則蒼蘚綠莎，履痕重疊。乃悟徹夜繞此樹旁，如牛旋磨也。自知心動生魔，急投本師懺悔，後亦無他。

山東一僧，恆見經閣上有艷女下窺，心知是魅；然私念魅亦良得，徑往就之，則一無所睹，呼之亦不出。如是者凡百餘度，遂惘惘得心疾，以至於死。

紀昀在敍述完二僧的經歷後，加了一句評語：「二僧究竟自敗，非魔與魅敗之也。」這是對的，因爲魔與魅，都是由於二僧居心不淨才出現的。

枯木禪

禪宗是出世的，但更重視讓「道心」滲入日常生活，「入色界不被色惑，入聲界不被聲惑，入香界不被香惑，入味界不被味惑，入觸界不被觸惑」，在污穢世界保持淸淨超脫之心。

一位和尚在茅庵中修行已三十多年，供養他的是位老太婆，送飯服侍他的是位二八女郎。

一天，老太婆對女子說：「等會送飯去時，抱住他，試試他修行的功夫。」送飯時，女子果然抱住和尚，問他感覺如何。和尚道：「枯木倚寒岩，三冬無暖意！」

老太婆聽了，大失所望，說：「我供養的竟只是一個俗漢！」

於是她趕走和尚，一把火燒掉了茅庵。

禪宗是出世的，但更重視讓「道心」滲入日常生活，「入色界不被色惑，入聲界不被聲惑，入香界不被香惑，入味界不被味惑，入觸界不被觸惑」，在污穢世界保持清淨超脫之心。所以，得道的禪師並非枯木，而是生活的藝術家。倘如木石一般不思不動，枯木死灰，窒息生命，那只是頑空，只是「俗漢」，不值得供養。

一首禪詩說：

土面灰頭不染塵，華街柳巷樂天真。
金雞唱曉瓊樓夢，一樹花開浩蕩春。

混俗和光，出污泥而不染，這才算得本源自性天眞佛，三惡道中解脫人。

一指禪

萬物為神所創造，但神又住在哪？這種神的存在是無法證明的。所以，不能將禪繫於一處，不要讓心受到任何拘束。

俱胝和尚在回答提問時，總是豎起一指。他門下有一隨侍的童子，經常看到師父的這一舉動，當師父不在時，別人有問，也豎指答對。別人在俱胝面前誇讚說：「童子亦會佛法，凡有問皆如和尚豎指。」

俱胝聽了，暗暗在袖子裡放了一把刀，問童子：「聽說你會佛法，是嗎？」

童子道：「是。」

俱胝問：「如何是佛？」

童子豎起指頭。

俱胝突然抽出刀來，削斷了那根指頭。童子疼得大叫，往門外跑去。

俱胝叫童子回來，童子回首。俱胝又問：「如何是佛？」

童子下意識地舉手，卻不見了原先的指頭。童子於此豁然大悟。

禪宗的一個核心問題是：「萬法歸一，一歸何所？」萬物爲神所創造，但神又住在哪？這種神的存在是無法證明的。所以，不能將禪繫於一處，不要讓心受到任何拘束。童子執著於一指，故俱胝要削掉它，以幫助童子恢復精神的自由。

玄機的破綻

澄明寧靜的生命意境，必須以「是非海裡橫身入，豺虎叢中縱步行」的堅毅弘忍之人格為基石，僅僅玩弄機鋒是不夠的。

女尼玄機習定於大日山石窟中。一日參拜雪峰禪師，雪峰問：「你叫什麼名字？」

答：「玄機。」

「既是玄妙之機，每天能織多少布呢？」

「寸絲不掛。」

玄機的意思是說她已臻於「忘我」之境。

雪峰見玄機如此自負，目送著她的背影，突然說：「你穿的袈裟角拖地了。」

玄機連忙扭頭察看，雪峰笑道：「好一個寸絲不掛！」

自稱「忘我」（寸絲不掛）卻未能眞正「忘我」，玄機一回首，便露出了破綻，說明「忘我」並不是一件容易的事。

宋代的張九成造訪喜禪師，喜禪師問：「緣何而來？」

張九成說：「打死心頭火，特來參喜禪。」

喜禪師聽了他的自我標榜，故意試探說：「緣何起得早，妻被別人眠？」

張九成見禪師平白無故地說自己的老婆跟別人睡覺，忍不住心頭火起，罵道：「無明眞禿子，焉敢發此言？」

喜禪師微笑說：「輕輕一撲扇，爐內又起煙。」

澄明寧靜的生命意境，必須以「是非海裡橫身入，豺虎叢中縱步行」的堅毅弘忍之人格爲基石，僅僅玩弄機鋒是不夠的。

巧拙何來

泯除巧拙，不加分別，與道為一，應用無礙，人生自會一片澄明。

張秀才去參見石霜禪師。石霜問：「秀才何姓？」

秀才答：「姓張，名拙。」

石霜道：「覓巧尚不可得，拙自何來？」

秀才於言下大悟，呈偈曰：

光明寂照遍河沙，凡聖念靈共我家。
一念不生全體現，六根才動被雲遮。
斷除煩惱重增病，趣向真如一是邪。
隨順世緣無掛礙，涅槃生死等空花。

泯除巧拙，不加分別，與道為一，應用無礙，人生自會一片澄明。

相傳，黑氏梵志以左右手擎合歡花、梧桐花來供養佛，佛說：「放下它。」

梵志放下左手中的那株花。

佛又說：「放下它。」

梵志接著放下右手中的那株花。

佛依舊說：「放下它。」

梵志道：「我已兩手皆空，還放什麼？」

佛告訴他：「我不是教你放下這兩株花，而是教你放棄外六塵、內六根、中六識。捨卻一切，便可超離生死。」

所以，巧拙應一並捨棄。

忽遇三種人來怎麼接

通身是眼見不到、耳聞不及、口說不著、心鑒不出的。通身即且止，忽若無眼作麼生見，無耳作麼生聞，無口作麼生說，無心作麼生鑒？若向這裡撥轉得一線道，便與古佛同參。

玄沙示衆說：「諸方著名禪師，盡道會接引學人，忽遇三種人來怎麼接？患盲者，拈錘豎拂，他又不見；患聾者，語言三昧，他又不聞；患啞者，教他說，又說不得。如果接引不了他們，佛法就無靈驗了。」

後來，有僧就玄沙提出的問題向雲門文偃請教。雲門說：「你且禮拜我。」僧禮拜起，雲門用拄杖搗他，他連忙退後。雲門說：「你患盲嗎？」

雲門又叫僧人過來。僧人走近，雲門說：「你患聾嗎？」

雲門又問：「我的話你懂嗎？」僧說：「不懂。」雲門說：「你患啞嗎？」

僧人於言下大悟。

參禪的人，雖有眼、耳，卻對聲、色不聞不見；雖有口，卻並不說知解的話。否則，就是玄沙所說的「患盲者」、「患聾者」、「患啞者」，即明明不盲卻盲，明明不聾卻聾，明明不啞卻啞。

圓悟禪師垂示云：

通身是眼見不到，通身是耳聞不及，通身是口說不著，通身是心鑒不出。通身即且止，忽若無眼作麼生見，無耳作麼生聞，無口作麼生說，無心作麼生鑒？若向這裡撥轉得一線道，便與古佛同參。

睦州禪師的機鋒

一天，雲門文偃去參拜睦州。

到第三次，睦州才打開一點門縫，雲門便闖了進去。睦州一把抓住他，大聲喝問：「快說！快說！」就在雲門發愣的瞬間，睦州將他推出門外，那急速關上的門，夾傷了雲門的一隻腳。雲門疼得大叫，剎那間，他忽然大悟。

睦州禪師機鋒迅捷，疾如閃電，使人不知如何應對。

一天，雲門文偃去參拜睦州。睦州在門裡問：「你是誰？」

雲門答：「我是文偃。」

睦州打開門看了一眼，便把門關上。一連兩次，皆是如此。

到第三次，睦州才打開一點門縫，雲門便闖了進去。睦州一把抓住他，大聲喝問：「快說！快說！」就在雲門發愣的瞬間，睦州將他推出門外，那急速關上的門，夾傷了雲門的一隻腳。雲門疼得大叫，剎那間，他忽然大悟。

雲門後來接引學人，宗風險峻，簡潔高古，於一語一字之中含藏無限旨趣，其方法即源於睦州。

日日是好日

春有百花秋有月，夏有涼風冬有雪。
若無閒事掛心頭，便是人間好時節。

雲門文偃常問弟子們一句話：「我不問你十五日月圓以前如何，我只問你十五日以後有何體會？」

他自己的答案是：日日是好日，因為：

春有百花秋有月，夏有涼風冬有雪。
若無閒事掛心頭，便是人間好時節。

人生中雖然不免存在缺憾，但總有好的一面。只要能做到隨緣自適，就會對生活充滿熱愛之情。

截斷衆流

雲門文偃的截斷衆流法，有如突然截斷葛藤，使問者截斷轉機，無可用心，從而悟得世諦門中一法不立。

雲門文偃常用一個字來回答門人的提問，高不可攀，人稱一字關。

有僧問：「如何是雲門劍？」他用一個字回答說：「祖。」又問：「如何是禪？」又答：「是。」又問：「如何是雲門一路？」又答：「親。」又問：「如何是正法眼？」又答：「普。」又問：「三身中那身說法？」又答：「要。」

文偃也常用一句話來接引學人。

有僧問：「如何是清淨法身？」他用一句話回答說：「花藥欄。」又問：「就恁麼去時如何？」又答：「金毛獅子。」又問：「又如何是透法身句？」又答：「北斗裡藏身。」這些語句，當時膾炙人口。

這就是雲門文偃的截斷衆流法。有如突然截斷葛藤，使問者截斷轉機，無可用心，從而悟得世諦門中一法不立。回答本身並無意義，讓問者回頭去體悟，直到有所得，才是文偃的目的。

梅洛——龐蒂認爲，實體只能描述，不能構築和塑造。所以，我們要設法讓事物替它自己發言，讓它自己彰顯出來。這樣，回到事物本身就是十分必要的了。文偃截斷衆流，用意大約即在於此。

雪竇頌云：

「花藥欄」，莫顢頇，星在秤兮不在盤。
「便恁麼」，太無端，「金毛獅子」大家看。

「若論佛法，一切現成」

所謂「一切現成」，即一切都是自然而然的存在。禪也是自然存在的，處處皆是，並不須離開人間去尋。禪就在你每日的生活中。

法眼宗是禪宗五家之一，它的開創者是法眼禪師文益。文益（八八五—九五八），俗姓魯，餘杭（今浙江杭州）人。七歲依新定（治所在今浙江淳安縣西）智通院全偉禪師出家，二十歲於越州（治所在今浙江紹興）開元寺受戒。他得法於玄沙師備的法嗣羅漢桂琛，相傳有這樣一段公案：

文益曾約兩個同伴去桂琛處參學，次日便辭行。桂琛感到他還可深造，但不便明白挽留，就指著門前一塊石頭問他：「上座尋常說三界唯心，萬法唯識，且道此石在心內，在心外？」文益說：「在心內。」桂琛云：行腳僧應該輕裝，如何「安片石在心頭」？文益無詞以對，即放下衣包依桂琛求抉擇。住了一個多月，每天呈見解，說道理，桂琛都說不得其解。文益說：「某甲詞窮理絕也。」桂琛這才告訴他：「若論佛法，一切現成。」文益言下大悟。

所謂「一切現成」，即一切都是自然而然的存在。心裡有塊石頭，也是自然存在的，並不加重人的負擔。禪也是自然存在的，處處皆是，並不須離開人間去尋。禪就在你每日的生活中。

文益的門下德韶（八九一—九七二），曾住通玄峰頂，有偈示衆說：

通玄峰頂，不是人間，心外無法，滿目青山。

法眼聞之，云：「即此一偈，可起吾宗。」法眼爲何如此稱賞此偈？在於偈語很好地表達了「一切現成」的意思：學禪到了頂峰，其境界自與人間不同；但心外無法，處處都是禪境（青山）。用德韶的話來講，即：「佛法現成，一切具足，古人道：『圓同太虛，無欠無餘』。」「大道廓然詎齊今古，無名無相，是法是修。良由法界無邊，心亦無際；無事不彰，無言不顯；如是會得，喚作般若現前，理極同眞際，一切山河大地、森羅萬象、牆壁瓦礫，並無絲毫可得虧缺。」

我有神珠一顆

「我有神珠一顆，久被塵勞關鎖。
今朝塵盡光生，照破山河萬朶。」

茶陵郁山主所擁有的「神珠」，即自身的眞如佛性，般若智慧。人一旦從自心中頓現眞如佛性，自身也就成了佛。

一次，茶陵郁山主乘驢渡橋，驢子失足，忽然跌了下去。就在這一瞬間，郁山主覺得整個身心孤明歷歷，所有世俗的塵垢妄想，隨著這一跌全部震落。他大徹大悟，作頌說：

我有神珠一顆，久被塵勞關鎖。
今朝塵盡光生，照破山河萬朵。

茶陵郁山主所擁有的「神珠」，即自身的眞如佛性，般若智慧。人一旦從自心中頓現眞如佛性，自身也就成了佛。當茶陵郁山主豪邁地宣稱「我有神珠一顆」後，便不再到外面去行腳求道了。因爲他已經明白，眞如佛性是不可外求的，「若取外求善知識，望得解脫，無有是處。」

禪宗佛性說的要點，是把實相、本性、眞理，均訴諸一心。心、性、理等，名異實同。性即是心，心即是佛，佛即是法。心外求心，佛外求佛，法外求法，無異於南轅北轍。所以，返本得性，即是活佛；茶陵郁山主發現了自身的「明珠」後，他這位活佛哪還用得著鄉往求道呢？

《五燈會元》記載：

越州大珠慧海禪師，建州朱氏子。依越州大雲寺智和尙受業。初參馬祖，祖問：「從何處來？」曰：「越州大雲寺來。」祖曰：「來此擬須何事？」曰：

「來求佛法。」祖曰：「我這裡一物也無，求什麼佛法？自家寶藏不顧，拋家散走作麼！」曰：「阿那個是慧海自家寶藏？」祖曰：「即今問我者，是汝寶藏。一切具足，更無欠少，使用自在，何假外求？」師於言下，自識本心。

一切佛法都在自心中，是「自家寶藏」，關鍵在於能否頓悟，能否從自心中頓現眞如本性。所謂成佛，只是「豁然胸襟寶藏，運出自己家珍」；拋家散走，外求佛法，到頭來，終究是竹籃打水。正是：

佛是自性作，莫向身外求。

或如寒山的一首寓言詩所說：

盡日尋春不見春，芒鞋踏破隴頭雲。
歸來笑拈梅花嗅，春在枝頭已十分。

昔年曾到大海遊，為采摩尼誓懇求。
直到龍宮深密處，金關鎖斷主神愁。
龍王守護安耳裡，劍客星揮無處搜。
賈客卻歸門內去，明珠元在我心頭。

騎牛覓牛之喻

自心本具佛性，佛性本自具足；故學佛的當務之急是明心見性。離開自身向外覓佛，等於騎牛覓牛。

（長安大慶）禮而問曰：「學人欲求識佛，何者即是？」丈曰：「大似騎牛覓牛。」師曰：「識得後如何？」丈曰：「如人騎牛至家。」師曰：「未審始終如何保住？」丈曰：「如牧牛人執杖視之，不令犯人苗稼。」

這則見於《五燈會元》的公案，表達了禪宗的一個重要見解，即自心本具佛性，佛性本自具足；故學佛的當務之急是明心見性。「汝今當信，佛知見者，只汝自心，更無別佛。……吾亦勸一切人，於自心中常開佛之知見。」離開自身向外覓佛，等於騎牛覓牛。

黃蘗希運禪師用另外一個比喻來說明佛在自心，不假外求。他說：只要你有覓佛的念頭，便是過失。這好像痴人在山頂叫一聲，聽到山谷中有回音，便忙不迭地下山尋找聲響，待找不到聲響，又上山叫一聲，又下山尋覓。如此往復循環，千生萬劫，也找不到聲響。離開自身而向外求佛的人亦然，「只尋聲逐響人，虛生浪死漢」。

圜悟禪師的話或許更爲果決：

諸佛不曾出世，亦無一法與人。祖師不曾西來，未嘗以心傳授。自是時人不了，向外馳求。殊不知自己腳跟下，一段大事因緣，千聖亦摸索不著。只如今見不見，聞不聞，說不說，知不知，從什麼處得來？

身外無佛，身外無法，「佛本是自心作」，哪得向外馳求？

未上樹時的境界

「未上樹時」，也就是知解未產生之時。禪是一種精神體驗，它既非知性的產物，又非知性所可說明。因此，只有擺脫知性，回到無知性的狀態，才能復歸自性。

香嚴禪師開堂示衆說：「說起明心見性一事，這有如一個人爬到樹上，用嘴咬著樹枝。如果有人問他：『什麼是佛法大意？』他要是不回答，便是無視問者；他要是回答，便會摔死。你們說，這人怎樣才能從困境中擺脫出來？」

招上座應聲答道：「我不問他在樹上怎麼辦，我問，他未上樹時是怎麼樣？」

香嚴呵呵大笑，予以印可。

「未上樹時」，也就是知解未產生之時。禪是一種精神體驗，它既非知性的產物，又非知性所可說明。因此，只有擺脫知性，回到無知性的狀態，才能復歸自性。

本自無縛，不用求解

自家寶藏，一切具足，使用自在，不假外求。你若求佛，即被佛魔攝，你若求祖，即被祖魔攝，你若有求皆苦，不如無事。

孫悟空頭上的金箍以及唐僧念的《緊箍咒》，是中國人再熟悉不過的了。但《西遊記》結尾處的一段對話，許多讀者也許未能給予足夠的注意。孫悟空對唐僧道：「師父，此時我已成佛，與你一般，莫成還戴金箍兒，你還念什麼《緊箍咒》兒掯勒我？趁早兒念個鬆箍兒咒，脫下來，打得粉碎，切莫叫那什麼菩薩再去捉弄他人。」唐僧道：「當時只爲你難管，故以此法制之。今已成佛，自然去矣，豈有還在你頭上之理！你試摸摸看。」悟空伸手摸了摸，果然沒有了。

這使人想起大珠慧海禪師的一句名言：「本自無縛，不用求解。」（本來就沒有什麼束縛，根本不用去求解脫。）後期禪宗主張純任自然的修行方式，在他們看來，「自家寶藏，一切具足，使用自在，不假外求。」「你若求佛，即被佛魔攝，你若求祖，即被祖魔攝，你若有求皆苦，不如無事。」恰如孫悟空頭上，本無金箍，只因求佛，便被箍住。當孫悟空大徹大悟時，金箍也就消失了。

《五燈會元》卷四記載：

雪峰因入山採得一枝木，其形似蛇，於背上題曰：「本自天然，不假雕琢。」寄與師（大安禪師），師曰：「本色住山人，且無刀斧痕？」

其含義與「本自無縛，不用求解」相近。既然萬類之中，個個是佛，你還求個什麼呢？你還雕鑿什麼呢？一有所求，或一有造作，就已悖道入魔，違背了「西來大意」。「要行即行，要坐即坐」，只要頓悟「即心即佛」之理，則「舉動施為，語默啼笑皆是佛。」玄覺的《永嘉證道歌》說得好：

君不見，絕學無為閒道人，不除妄想不求真。
無名實性即佛性，幻化空身即法身。
法身覺了無一物，本源自性天真佛。

*****

入深山，住蘭若，岑嶺幽邃長松下。
悠遊靜坐野僧家，闃寂安居實瀟灑。

純任自然，就能獲得「高臥橫眠得自由」的人生情調。

風穴和尚

禪宗的悟道者，充滿智慧而又堅毅弘忍，有著「爍破天下」的眼光和超世拔俗的氣概。故風穴說：「路逢劍客須呈劍，不是詩人莫獻詩。」

瑞岩和尚常自喚「主人公」，自己答應「是」。又說：「清醒些，以後不要受別人欺瞞。」

風穴就此評議道：「這是自拈自弄，有什麼難處。」

禪宗的悟道者，充滿智慧而又堅毅弘忍，有著「爍破天下」的眼光和超世拔俗的氣概。故風穴說：「路逢劍客須呈劍，不是詩人莫獻詩。」他們是自己的「主人公」，不會「受別人欺瞞。」

風穴初參南院時，入門不禮拜。

南院說：「入門須辨主。」

風穴答：「端的請師分。」

南院左手拍膝一下，風穴便喝。

南院右手拍膝一下，風穴又喝。

南院舉起左手說：「這個就依從了你，但右手怎麼辦呢？」

風穴道：「瞎！」

南院拈起拄杖。

風穴道：「我奪了拄杖，打了和尚，你不要怪我不仁道。」

南院遂丟下拄杖。

「你是不是到過這裡？」南院問。

「是何言語？」風穴反問。

「正經問話。」

「也不得放過。」

南院聽了，只好說：「且坐吃茶。」

至此，南院仍未辨出風穴來歷。可見風穴這樣的禪門俊傑，頂天立地，即使面對宗師，也是氣概非凡的。他們「橫身三界外，獨脫萬機前」，完全是自己心靈的主人。

誰在井中

有志於禪，就要在生命的活動狀態中把握生命。生命必須超越一切限制和對立。

有僧問性空禪師：「如何是祖師西來意？」

性空道：「有人掉進了千尺深的井中，如果你不用繩索能讓他出來，我就告訴你什麼是祖師西來意。」

僧人說：「我在湖南暢和尚處，也聽他這麼說東道西。」

性空喚仰山將那僧連拖帶拽地趕了出去。

後來，仰山就這事請教耽源禪師：「如何出得井中人？」

耽源沒好氣地說：「咄！痴漢，誰在井中？」

有志於禪，就要在生命的活動狀態中把握生命。生命必須超越一切限制和對立。同樣，「祖師西來意」也必須依靠高遠的心靈去體悟，在語言和邏輯的井中是把握不住它的。

唐朝的陸亙曾問南泉：「古人在瓶中養了一鵝，鵝漸漸長大，出不了瓶。如今不得毀瓶，不得損鵝，和尚怎麼讓它出來？」

南泉叫聲：「大夫。」

陸亙應諾。

南泉道：「出來了。」

禪是無法證明的。禪面對的是不容置疑的事實。

「我說底是我底」

在禪宗那兒，心靈的開悟是各人自己的事，別人是幫不了忙的。知識的傳授，條分縷析的說明，一概無濟於事。

北宋高僧祖心住黃龍寺，其方丈名晦堂，因稱晦堂老子。黃庭堅曾師事他，請他指點研讀佛經的捷徑。晦堂說：「孔子講過：『二三子以我爲隱乎？吾無隱乎爾。』（學生們以爲我對你們有什麼隱瞞嗎？我沒有任何隱瞞你們的事。）你平日如何理解這句話？」黃庭堅反覆加以說明解釋，晦堂都說「不是」。一天，黃陪著晦堂在山中行走，正值暑熱消退，涼氣徐生，桂花的香味飄滿庭院。晦堂便問道：「聞到木樨的香味了嗎？」黃說：「聞到了。」晦堂說：「吾無隱乎爾。」黃悟出了這句話的眞諦，並很信服晦堂的解釋。

晦堂爲什麼不用語言啓迪黃庭堅，卻用看來不相干的桂花香促使其心靈開悟？原來，在禪宗那兒，心靈的開悟是各人自己的事，別人是幫不了忙的。知識的傳授，條分縷析的說明，一概無濟於事。「若自悟者，不假外善知識，若取外求善知識，望得解脫，無有是處，識自心內善知識，即得解脫。若自心邪迷，妄念顛倒，外善知識，即有教授，救不可得。」

香岩是百丈懷海的弟子，百丈圓寂後，又去參師兄潙山靈祐。潙山道：「我聽說你在百丈先師處，問一答十，問十答百。這是你的聰明伶俐處。但光憑這些，必爲理智和概念所障。現在我且問你，父母未生時（理智和概念未產生時）你的本來面目是怎樣的？」

香嚴被問，茫然不知所答。回到房裡，翻遍了平日讀過的文字，竟找不出一句合適的應對之語，遂感嘆道：「畫餅不可充飢。」

香嚴無奈，一再請潙山說破。潙山卻告訴他：「我若爲你說明，你以後會罵我。我說底是我底，畢竟與你不相干。」

香嚴於是一把火燒掉了平日看過的文字，下決心作個長行粥飯僧，以免勞形損神。當他路過南陽國師慧忠禪師的墓時，在那裡築廬定居了下來。

一日，在他除草的時候，偶然抛出一塊瓦礫，擊中了竹子。清脆的響聲傳來，香嚴忽然大悟。頓悟後的香嚴，對溈山充滿了感激之情，他向溈山所在的方向跪下禮拜道：「和尚大慈，恩逾父母。當時若為我說破，何有今日之事？」「我說底是我底」，溈山這句話的分量之重，只有悟道之人才能明白。當香嚴在那清脆的擊竹聲中與對象凝為一體時，香嚴的存在是超越時空、因果的，因為，他就是翠竹，就是萬事萬物，就是宇宙！這種對父母未生時本來面目的體悟，「如人飲水，冷暖自知」，必須由自己獲得，靠師傅「說」是無濟於事的。

禪與文學

潭影空人心

「潭影空人心」是一篇警策。

有象者（潭影）皖淨，正見出無相者（心）本空。

常建的《題破山寺後禪院》詩說：

清晨入古寺，初日照高林。
竹徑通幽處，禪房花木深。
山光悅鳥性，潭影空人心。
萬籟此俱寂，但餘鐘磬音。

常建是唐代長安（今陝西西安）人，開元年間的進士，曾任盱眙尉，隱居於鄂州武昌。詩中提到的破山寺，即興福寺，在今江蘇省常熟縣虞山北麓。建於南齊，故稱「古寺」。

「詩爲儒者禪。」這首詩融禪心、禪境、禪意爲一體，渲染出一片幽深空寂的氣氛。「幽」——「竹徑通幽處」；「深」——「禪房花木深」；「空」——「潭影空人心」；「寂」——「萬籟此俱寂」。以情入景，以景融情，禪意流盪在字裡行間。

「潭影空人心」是一篇警策。有象者（潭影）能淨，正見出無相者（心）本空。就潭影說，當其有，有無之用；就人心說，則當其無，有有之相。現心境於物態之中，即目有契，言少意豐。將禪意寫得如此神秘而又可感可觸，難怪歐陽修會嘆爲「不可及」了。

白居易也寫過一首以五蘊都空、一塵不起爲主旨的詩，題爲《對小潭寄遠上人》：

小潭澄見底，閒客坐開襟。
借問不流水，何如無念心。

彼惟清且淺，此乃寂而深。
是義誰能答，明朝問道林。

其旨趣與「潭影空人心」相近，但直道其「義」，已落入理語的窠臼，不及常建高明。

相傳，唐代的裴休曾將自己的一篇論禪學的文章拿給希運禪師看，希運根本不看，只說：「若形於紙墨，何有吾宗?」裴休問其緣故，希運道：「上乘之印，唯是一心，更無別法。心體一空，萬緣俱寂，如大日輪升於虛空，其中照耀，靜無纖埃。證之者無新舊、無淺深，說之者不立義解，不開戶牖，直下便是，動念即乖。」常建不立義解，唯寫心體一空、萬緣俱寂之境，這是深得禪宗精髓的。

王維的《鹿柴》詩

禪宗的核心是「無念」，即心不為外境所動。

視外境為幻相，保持心的清靜，這便是佛。

王維的《鹿柴》，是一首禪意盎然的傳世之作：

空山不見人，但聞人語響。
返景入深林，復照青苔上。

清代施補華的《峴傭說詩》談到：「輞川諸五絕清幽絕俗，其間『空山不見人』、『獨坐幽篁裡』、『木末芙蓉花』、『人閒桂花落』四首尤妙，學者可以細參。」

以禪入詩，大抵有三種途徑。一是闡述佛理，如白居易的《贈草堂宗密上人》：「吾師道與佛相應，念念無為法法能。口藏宣傳十二部，心台照耀百千燈。盡離文字非中道，長住虛中是小乘。少有人知菩薩行，世間只是重高僧。」堆砌佛教術語，令人興味索然。二是大量運用佛教語彙，如繩床、錫杖、蓮花、貝葉、朝梵、夜禪、須彌、恆沙、色空、寂滅等，像楊愼的《感通寺》：「岳麓蒼山半，波濤黑水分。傳燈留聖制，演梵聽華云。壁古仙苔見，泉香瑞草聞。花宮三十六，一一遠人群。」嵌入許多佛教字眼，也經不住玩索。

《鹿柴》詩代表了第三種途徑：作品集中表現空寂的境界，既不大談禪理，又不運用佛教語彙，但字裡行間，筆墨之外，卻蕩漾著無窮的禪意。

禪宗的核心是「無念」，即心不爲外境所動。《壇經》說：「汝之本性，猶如虛空，了無一物可見，是名正見。無一物可知，是名眞知。無有青黃長短，但見本源清靜，覺體圓明，即名見性成佛，亦名如來知見。」視外境爲幻相，保持心的清靜，這便是佛。

《鹿柴》的境界如何呢?空山一片寂靜，遠處的人語更加深了空寂感，即錢鐘書所謂：「寂靜之幽深者，每以得聲音之襯托而愈覺其深」。一縷夕陽的返照穿過深林映照在青苔上，幽暗、微弱，益見其淒清。在這片遠離塵俗的世界裡，詩人的心靈亦融入自然中，連自己的存在也遺忘了，這種「萬念皆寂」的「無我」之境，正是禪的極致。

安禪制毒龍

除了虛無，沒有任何東西可以通過存在達到存在，虛無是存在的單純可能也是它唯一的可能。

「安禪制毒龍」後的王維，所領略到的即是這宇宙的單純嗎？

王維棲心禪學，造詣頗深。他那些寫山林閒適的詩，淳古淡泊，如「一片水墨不著色畫」。《過香積寺》寓禪於景，得三昧之妙。全詩如下：

不知香積寺，數里入雲峰。
古木無人徑，深山何處鐘。
泉聲咽危石，日色冷青松。
薄暮空潭曲，安禪制毒龍。

香積寺故址在今陝西省長安縣南香積村。它是全詩的主角，但神龍見首不見尾，始終未露正身。

中國的禪宗偏愛空寂的氣象，王維對淡墨、寒色、幽景也有明顯的偏愛。採用淡墨寫景的，如《漢江臨眺》：「江流天地外，山色有無中。」《終南山》：「白雲回望合，青靄入看無。」採用寒色入詩的，如《華岳》：「積翠在太清，……白日爲之寒。」採用幽景入詩的，如《山居即事》：「寂寞掩柴扉，蒼茫對落暉。」《歸嵩山作》：「荒城臨古渡，落日滿秋山。」

《過香積寺》也滲透了同樣的審美趣味。「古木無人徑」，是其「幽」；「日色冷青松」，是其「寒」；「數里入雲峰」，是其「淡」。禪宗說「心與境寂，道與悟深」，環境的淡、幽、寒，乃是參禪悟道的重要前提。

詩的結尾寫薄暮時分，詩人走到清澈而深邃的潭邊，此時心空如潭，進入了「安禪制毒龍」的大徹大悟的境界。毒龍比喻修行人心中的妄心欲念。語出《涅槃經》：「但我住處，有一毒龍，其性暴急，恐相危害。」又見《法苑珠林》：「西方有不可依山甚寒，山中有池，毒龍居之……槃陀王學婆羅門咒，就池咒龍。」王維說：在這靜寂而幽深的環境中，他擺脫了種種塵俗的欲念，恬然澄明，已臻於「本來無一物」之域。

薩特有一句名言：

除了虛無，沒有任何東西可以通過存在達到存在，虛無是存在的單純可能也是它唯一的可能。

「安禪制毒龍」後的王維，所領略到的即是這宇宙的單純嗎？

基於常識的疑問

外在世界的一切，都是由心派生的，在心的領域中，並無大小多少的差異。「通大小者，如塵圓相，是小；須彌高廣，為大。然此塵與波山，大小相容，隨心回轉，而不生滅。」

中國傳統的思維方式，比較注重常識，凡常識所不能解釋的抽象、玄奧的思辨，往往會受到士大夫的質疑。佛教傳入中國，帶來不少出人意表的說法，也自然引起了一系列疑問。

我們來看一個例子。

唐代的李渤，博覽群書，人稱李萬卷。儘管他學識淵博，但對佛教中須彌山容得下一粒芥子、一粒芥子也容納得了須彌山的說法，卻百思不得其解。須彌山是佛教虛構之世界的中心，相傳山高八萬四千由旬，日月星辰都環繞著它的半山腰旋轉；而芥子則異常微小。一粒芥子怎麼能容納得了須彌山呢？李渤拿這問題向禪僧智常請教。機敏的智常未作正面回答，只反問了一句：「人言博士學覽萬卷書籍」，但你從頭到腳，才長幾尺，萬卷書放在何處？李渤被這一問弄得「俯首無言，再思稱嘆」，看來是心服口服了。

其實，智常的反問還是基於常識的啓發，眞正從形而上學角度來回答李渤之疑的，還是華嚴宗僧人法藏。他認爲外在世界的一切，都是由心派生的，在心的領域中，並無大小多少的差異。「通大小者，如塵圓相，是小；須彌高廣，爲大。然此塵與彼山，大小相容；隨心回轉，而不生滅。」這些話，聽起來頗爲神秘，不及智常的話平易。

唐代是詩的黃金時代。若干基於常識的疑問，也常形之於詩，讀來別具風味。如嚴維《宿天竺寺》：

方外主人名道林，怕將水月淨身心。
居然對我說無我，寂歷山深將夜深。

佛教認爲，人是由四大和五蘊和合而成的，沒有自性，是一種虛幻的存在，故我即無我，我即非我。對著「我」說「無我」，嚴維覺得不可思議。

鮑溶的《贈僧戒休》詩尤爲幽默：

風行露宿不知貧，明月為心又是身。
欲問月中無我法，無人無我問何人？

是呀，既然「人」、「我」都是虛幻的存在，豈不是無人可問了嗎？

明代潘游龍《笑禪錄》中有一則用常識調侃「無我」理論的笑話，附錄於此，以發一噱：

舉：《金剛經》云：「如來說有我者則非有我，而凡夫之人以爲有我。」

說：一秀才夏日至一寺中參一禪師，禪師趺坐不起，秀才怪問之，師答曰：「我不起身便是起身。」秀才即以扇柄擊師頭一下，師亦怪問之，秀才曰：「我打你就是不打你。」

頌曰：有我即無我，不起即是起，起來相見有何妨，而我見性尙無止。秀才們，禪和子，那個眞是自如如，莫弄嘴頭禪而已。

能解閒行有幾人

水北原南草色新，雪消風暖不生塵。
城中車馬應無數，能解閒行有幾人。

能快樂地「閒行」，就得到了禪。

唐人張籍，寫過一首題爲《與賈島閒遊》的詩：

水北原南草色新，雪消風暖不生塵。
城中車馬應無數，能解閒行有幾人。

所謂閒行，也就是心無雜念、一任自然地欣賞風景，陶醉於青天作被、細草如茵的景物中。這種任從宇宙運化的人生態度，其實就是禪的態度。

北宋蘇軾的《記承天寺夜遊》是一篇廣泛傳誦的小品文：

元豐六年十月十二日，夜，解衣欲睡，月色入戶，欣然起行。念無與樂者，遂至承天寺尋張懷民，懷民亦未寢，相與步於中庭。庭下如積水空明，水中藻荇交橫，蓋竹柏影也。何夜無月？何處無竹柏？但少閒人如吾兩人耳。

這篇小品作於貶謫黃州時，當時蘇軾的正式官銜是責授檢校尙書水部員外郎、充黃州團練副使、本州安置。水部員外郎本爲水部副長官，但檢校則是代理之意；團練副使名爲地方軍事助理官，實爲掛名的閒職；再加「本州安置」字樣，表示不得參與公事，近於流放。蘇軾自稱「閒人」，也眞是閒人。但處此逆境而無絲毫懊惱沮喪，恬然怡然，沖然淡然，盡情享受人生的友情，享受大自然的月光、竹影，感到心滿意足，無限的快樂，這才是「閒人」的眞諦。這種近乎陶淵明「採菊東籬下，悠然見南山」的空靈高曠之境，亦禪意氤氳。

那麼，禪是什麼？我們不妨借用鈴木大拙的話來回答。禪是健全的心理狀態。僅在一瞬間，事態一變，人就得到了禪。自身仍是原樣，然而同時又得到某種全新的東西，人生情調爲之一變，更爲滿足，更爲平和，更爲歡樂。得到禪，將使人重返青春，使春花看起來更爲美麗，使山間小溪看起來更爲清泠透明……

能快樂地「閒行」，就得到了禪。

禪與靜

晚歲倦爲學，閒心易到禪。病宜多宴坐，貧似少攀緣。

唐代元稹的《悟禪三首寄胡果》詩之二說：「晚歲倦爲學，閒心易到禪。病宜多宴坐，貧似少攀緣。」從「閒心易到禪」這一句可體會到，禪與靜的聯繫相當密切。

確實，禪悟的詩人往往是好靜的。王維曾「山中習靜觀朝槿」，孟浩然曾「開軒卧閒敞」，王士禎曾「孤館歇清漏」。他們的詩，也以「寄至味於淡泊」見長。試讀清人王士禎的《青山》：

晨雨過青山，漠漠寒煙織。
不見秣陵城，坐愛秋江色。

據王士禎的朋友汪琬說，汪琬「自患懶散」，曾規勸王士禎莫「患懶散」，王莞爾一笑說：「長安車馬喧鬧，若無吾黨一二孤寂者點綴其間，便成缺陷。」寥寥數語，就顯示出王士禎甘於寧靜、以「清流」自負的性情。《青山》一詩，便是他這種性情的流露，抒寫出「與自然同化的心靈的愉快」。幾許惆悵，幾許依戀，幾許蕭條淡泊的風物，與其幽遠淡泊的內心世界化爲一片了。

明代禪僧蒼雪有這樣兩首詩：

松下無人一局殘，空山松子落棋盤。
神仙更有神仙著，千古輸贏下不完。

＊＊＊＊

幾回立雪與披雲，費盡勤勞學懶人。
曳斷鼻繩猶不起，水煙深處一閒身。

自稱「水煙深處一閒身」，並要「費盡勤勞學懶人」，這無疑是說：習靜是禪的重心之一。空山松子落入棋盤，可見時間之長；然而棋手卻依舊沒有出現，其「閒」其「懶」，就更不尋常了。

月色如此，勞生擾擾，對之者能幾人？

在禪的這聲意味深長的嘆惜中，你領悟到了閒、靜的眞諦嗎？

如果你還未領悟，就請再讀幾首寫禪僧之「閒」的詩：

南台靜坐一爐香，終日凝眸萬慮亡。
不是息心除妄想，卻緣無事另商量。

*****

千峰頂上一間屋，老僧半間雲半間。
昨夜雲隨風雨去，到頭不似老僧閒。

*****

宇內為閒客，人中作野僧。
任從他笑我，隨處自騰騰。

「空門意味長」

漠視世俗的榮華富貴，一心靜修，以求了道，空門意味之長，正在於此。

杜牧是晚唐的著名詩人。唐文宗大和二年（八二八），杜牧二十五歲，在東都洛陽應進士試，被錄取爲第五名。一個月後，他在京師長安應制舉賢良方正能言極諫科，又被錄取。捷報頻傳，這使年青的杜牧很快地成了京邑名人。「春風得意馬蹄疾，一日看盡長安花。」少年得志的杜牧約了一二位同年，興致勃勃地去城南家鄉附近的文公寺遊覽。「有禪僧擁褐獨坐，與之語，其玄言妙旨，咸出意表。」禪僧隨口問到杜牧的姓字，同行者情不自禁地向他誇耀杜牧在考場上的得意事。禪僧聽了，看了杜牧一眼，淡淡地笑道：「皆不知也。」杜牧感到非常驚訝，很有感慨地寫了一首題爲《贈終南蘭若僧》的詩：

家在城南杜曲旁，兩枝仙桂一時芳。

禪師都未知名姓，始覺空門意味長。

漠視世俗的榮華富貴，一心靜修，以求了道，空門意味之長，正在於此。

相傳，北宋的曇秀禪師到惠州去見蘇東坡，將要回去時，東坡說：「山中人見你回去，必定向你求土特產，你拿什麼去應酬呢？」曇秀說：「鵝城的清風，鶴嶺的明月，將送給每一個人，只怕他們無處安放。」東坡說：「不如拿幾張字回去，每人一張，告訴他們說，上面寫的是《法華經》，可以救災祈福。」曇秀超脫，東坡入俗，二者意味之長短，亦一目瞭然。（自然，從蘇東坡對世情的洞察而言，也是別有滋味的；但那是另一種滋味。）

禪僧們的詩也常給人六根清淨、超世拔俗之感，如明代郁堂禪師的《山居》：

亂流盡處卜幽棲，獨樹為橋過小溪。

春雨桃開憶劉阮，晚山薇長夢夷齊。

尋僧因到石梁北，待月忽思天柱西。
借問昔賢成底事？十年走馬聽朝雞。

＊＊＊＊＊

寥寥此道語何人，獨掩柴扉日又曛。
六鑿未分誰擾擾，一爻才動自紜紜。
空林雨歇鳩呼婦，陰壑風寒虎嘯群。
毀桀譽堯情未盡，有身贏得臥深雲。

「天下名山僧佔多」，僧人與山水的這種緣分，是值得紅塵中人欣羨的。

百花深處一僧歸

人生的最高境界並不在於功成名就，而在於悠然地品味流逝的或正在流逝的看似尋常而實不尋常的生活片斷。

館娃宮畔千年寺，水闊雲多客到稀。
聞說春到更惆悵，百花深處一僧歸。

這是白居易的〈靈岩寺〉詩。靈岩寺又名崇報寺，位於江蘇吳縣木瀆鎮附近的靈岩山上。春秋時期，越王獻西施，吳王夫差特在山上建館娃宮，相傳山頂靈岩寺及其花園一帶就是館娃宮遺址。當白居易登臨此山時，自然界的「春」依舊，而西施消逝了，吳王消逝了，唯有孤獨的「一僧」在百花叢中浮動著。

繁華不再，盛衰無常，這是中國道家的感慨之一，佛教東來，使這一感慨愈加沉重。「一切諸有如夢如幻」，世界上的萬事萬物都只是水花泡影。塵世是靠不住的。無論何等重要的歷史人物和歷史事件，都只是短暫的存在。西施何在？吳王何在？館娃宮何在？這孤獨的僧人，也許正思索著這一問題？

饒有意味的是，不僅塵世的一切是短暫的存在，即使是與佛教有關的事物，比如佛寺，也同樣只是短暫的存在。唐人司空圖〈經廢寶光寺〉云：

黃葉前朝寺，無僧寒殿開。
池晴龜出曝，松暝鶴飛回。
古砌碑橫草，陰廊畫雜苔。
禪宮亦銷歇，塵世轉堪哀。

結尾二句宛如一聲長嘆：連禪宮也不能久存，塵世的萬事萬物不是更加可悲嗎？人世滄桑，宇宙永恆，面對這一嚴酷的事實，禪宗提出「平常心是道」，倡導一種平易閒適的處世態度：人生的最高境界並不在於功成名就，而在於悠然地品味流逝的或正在流逝的看似尋常而實不尋常的生活片斷。比起對是非成敗的熱衷來，擺脫了爭競的小品式的追求是更能提高人的尊嚴和生命意識的。如元稹《贈樂天》詩所說：

等閒相見銷長日，也有閒時更學琴。
不是眼前無外物，不關心事不經心。

或如李洞《贈僧》詩所說：

不羨王侯與貴人，唯將雲鶴自相親。
閒來石上觀流水，欲洗禪衣未有塵。

奇異的懷濬

不疑不慮，一任橫行，這就是禪的宣言！

詩僧懷濬，不知是何方人氏。唐昭宗乾寧（八九四—八九七）年間，他活動於秭歸一帶，「知來識往，皆有神驗」。刺史於公以惑衆的罪名將他逮捕審問，懷濬寫了一首詩作爲供狀：

家在閩山西復西，其中歲歲有鶯啼。
如今不在鶯啼處，鶯在舊時啼處啼。

第二次審問時，他的供狀還是一首詩：

家在閩山東復東，其中歲歲有花紅。
而今不在花紅處，花在舊時紅處紅。

讀了這兩首詩，刺史深感奇異，就將懷濬釋放了。

這兩首詩有何奇異呢？尤袤《全唐詩話》卷六說：「詳其詩意，似在海中，得非杯渡之流乎？」猜測懷濬來自外國，具有種種異乎尋常的神通。這不失爲一種解釋。在我看來，這兩首詩的奇異處在於它表達了懷濬超功利的坦蕩情懷。換了另一個人，置身被逮被審的逆境，也許再也瀟灑不起來。可懷濬不然。「無心還似今宵月，照見三千與大千。」「任從三尺雪，難壓寸靈松。」「善惡一時忘念，榮枯都不關心。晦明隱現任浮沉，隨分飢餐渴飲。」「禪心朗照千江月，真性清涵萬里天。」真正的禪的人格是一片坦蕩無所疑懼。這兩首詩，便是懷濬人格的呈現。花紅鶯啼，任其自然，有什麼必要疑懼呢？

不休去，不歇去。業識茫茫去，七顛八倒去。十字街頭鬧浩浩地，聲色裡坐臥去；三家村裡，盈衢塞路，荆棘叢裡遊戲去；刀山劍樹，劈腹剜心，鑊湯爐炭，皮穿骨爛去。

不疑不慮，一任橫行，這就是禪的宣言！

不知名利苦

不知名利苦，念佛老岷峨。衲補雲千片，香焚篆一窠。
戀山人事少，憐客道心多。日日齋鐘罷，高懸漉水羅。

唐時，有位方外之士名叫唐球。他寫詩有個習慣，總是將詩稿撚成圓球，納入大瓢中。後臥病，遂將瓢投入江流，並說：「斯文苟不沉沒，得者方知吾苦心爾。」瓢流到新渠，被相識者發現，從水中撈起，十存二三。其中一首爲《贈行如上人》：

不知名利苦，念佛老岷峨。
衲補雲千片，香焚篆一窠。
巒山人事少，憐客道心多。
日日齋鐘罷，高懸濾水羅。

詩不算出色，但「不知名利苦」一句，確乎展現了出家人遠離紅塵的襟懷。

曾爲綠林豪客寫下「他時不用逃名姓，世上如今半是君」的李涉，還寫過一首《題鶴林寺僧室》：

終日昏昏醉夢間，忽聞春盡強登山。
因過竹院逢僧話，又得浮生半日閒。

終日昏昏，可見李涉平日忙碌不已，但一入僧室，便得到半日閒適。之所以如此，無非因爲寺僧的心靈不爲名利之慮所困擾，他們談的都是超塵脫俗的話題。

唐人劉得仁《題邵公禪院》詩云：

無事門多掩，陰階竹掃苔。
勁風吹雪聚，渴鳥啄冰開。
樹向寒山得，人從瀑布來。
終朝天目老，攜錫逐雲回。

「無事」緣於心閒，心閒緣於「不知名利苦」。天下名山僧佔多，這絕不是偶然的。白居易《蕭相公宅遇自遠禪師有感而贈》詩坦白地說：「宦途堪笑不勝悲，昨日榮華今日衰。轉似秋蓬無定處，長於春夢幾多時？半頭白髮慚蕭相，滿面紅塵問遠師。應是世間緣未盡，欲卻去官尚遲疑。」雖痛苦於榮華易逝，卻仍舊不能斷然出家，只是由於胸中尚有名利二字。讓執著於名利的士大夫出家，他們能心平氣和地長住山中嗎？

難怪靈澈禪師深發感喟了：

相逢盡道休官好，林下何曾見一人？

「此心能有幾人知」

禪宗反對執著於邏輯，反對執著於語言；生命存在的眞諦盡在不言之中，必須在邏輯和語言之外去體驗，去領悟。

赤旃檀塔六七級，白菡萏花三四枝。
禪客相逢只彈指，此心能有幾人知。

這是唐代禪師貫休的《書石壁禪居屋壁》詩。禪居就是寺院。寺裡有紅色檀香木作的塔，高七級；還有白蓮花池，三四枝白蓮花點綴在池中。這已經有些禪的氣氛了。

但眞正顯示出禪的神秘與超越氣象的是三、四兩句。禪客相逢，並不說話，只是彈彈手指。爲什麼不說話呢？因爲禪宗反對執著於邏輯，反對執著於語言；生命存在的眞諦盡在不言之中，必須在邏輯和語言之外去體驗，去領悟。但由於人類的感覺長期被邏輯和語言所窒息，悟（直覺的洞察）的境界是很難達到的，於是貫休發出了「此心能有幾人知」的慨嘆。

相傳，當年佛祖釋迦牟尼在靈山聚衆說法，大梵天王獻上金色波羅花，釋迦即「拈花示衆」，聽者都不理解其中的奧秘，唯有摩訶迦葉「破顏微笑」。佛祖知道他已領悟，因而對衆宣佈：

吾有正法眼藏，涅槃妙心，實相無相，微妙法門，不立文字，教外別傳，付囑摩訶迦葉。

所謂「正法眼藏」，又名「清淨法眼」，指佛教的正法。這個正法，據說就是「以心傳心」之「心」，也就是禪宗的宗旨。

「拈花微笑」當然是後世禪師所編造的故事，但卻是一個美麗動人的故事。釋迦拈花，唯有迦葉微笑，這不正是「此心能有幾人知」的生活化呈現嗎？

一則禪宗公案說：

師（盤山寶積）將順世，告衆曰：「有人邈得吾眞否？」衆將所寫眞呈，皆不契師意。普化出曰：「某甲邈得。」師曰：「何不呈似老僧？」化乃打筋斗而出。師曰：「這漢向後掣狂風去在！」師乃奄化。

盤山寶積的意圖，又有幾人會得？

見僧心暫靜

落第是中國古代讀書人經常遇到的失意情形。為了平撫內心的悲涼，他們通常藉助佛教來寬慰自己。既然人生短暫，又何必過於執著？

中國古代的讀書人一向具有強烈的上進欲望。極爲入俗的表達像「吃得苦中苦，方爲人上人」，極爲冠冕堂皇的宣言如「天行健，君子以自強不息」，都貫徹了一個共同的原則：人，不能頹廢，不能沒有光宗耀祖、名垂青史的追求。

伴隨著青雲得志之想的，往往是失意的痛苦。落第則是讀書人經常遇到的失意情形。爲了平撫內心的悲涼，爲了療治心頭的創傷，他們通常藉助佛教來寬慰自己。既然人生短暫，既然人生如夢，又何必過於執著呢？在意味深長的慨嘆之餘，這些過來人的煩惱或許會得到減輕。賈島的《落第東歸逢僧伯陽》詩說：

見僧心暫靜，從俗事多迍。
宇宙詩名小，山河客路新。……
宴乖紅杏寺，愁在綠楊津。
老病難為樂，開眉賴故人。

爲何「見僧」後「心」就能平靜些呢？大約有兩個原因：

一、佛教的出世主張可給人幾分慰藉，羅隱《和禪月大師見贈》就寫道：「高僧惠我七言詩，頓豁塵心展白眉。……應觀法界蓮千朵，肯折人間桂一枝？」

二、寺院中幽深寧靜的氣氛可使人暫時忘掉寺院外的世界，如許渾《下第寓居崇聖寺感事》所寫：「懷玉泣京華，舊山歸路賒。靜依禪客院，幽學野人家。林晚鳥爭樹，園春蝶護花。東門有閒地，誰種邵平瓜？」

明代顧大猷的《秋晚客雞鳴寺》寫「見僧心暫靜」的情緒變化，頗爲出色：

古寺崔嵬俯帝城，攀躋漸覺旅愁輕。
樓台寒入三山色，砧杵秋高萬戶聲。
向夕張琴依竹坐，有時待月伴僧行。
從來禪室多心賞，几席無塵夢亦清。

此詩描寫作者投宿雞鳴寺（在今江蘇南京市城北雞鳴山東麓）的經過和心情的變化。時當秋令，一年將盡，身爲「客子」，流落不偶，此即所謂「客愁」。登攀之際，所見漸闊，情隨景移，胸懷舒展，故「旅愁」漸「輕」。而小立覽三山寒色，憑欄聞砧杵之聲，即其心境輕鬆的表現。

隨著時間推移，詩人的活動亦在變化。「向夕」乃依竹彈琴，繼而則伴僧待月，竹清琴雅，月明僧閒，因而詩人的情懷更趨泊然，以致入睡之後，夢境也和雞鳴寺的環境同樣清靜。詩以「几席無塵夢亦清」作結：「几席無塵」言景，「夢清」言情，一「亦」字點明情隨景移。恰好揭示了顧大猷情緒變化的特點。

東澗水流西澗水

世界上的萬事萬物都是因緣和合而成，你中有我，我中有你。因此，必須突破「你」、「我」的界限，物我兩忘，與宇宙打成一片，才能領悟生命存在的意義。

一天，屋外正淅淅瀝瀝地下著雨，鏡清禪師突然對他的門人發問道：「外面是什麼聲音?」門人說：「是下雨聲。」鏡清道：「錯了!」見門人大惑不解，目光茫然，鏡清凝視著窗外，平靜地說：「我就是雨聲。」

這回答奇怪嗎?不奇怪。

照佛教的看法，世界上的萬事萬物都是因緣和合而成，你中有我，我中有你。因此，必須突破「你」、「我」(包括物、我)的界限，物我兩忘，與宇宙打成一片，才能領悟生命存在的意義。「我就是雨聲」，亦即與雨聲融為一體，不復區分。禪師們常說「張公吃酒李公醉」，表達的也是這種生命的共感。而更富於詩意的表述是：

東澗水流西澗水，南山雲起北山雲。
前台花發後台見，上界鐘聲下界聞。
白雲自佔東西嶺，明月誰分上下池。
東庵每見西庵雪，下澗長流上澗泉。
南山起雲，北山下雨。

白居易《寄韜光禪師》一詩化用以上表述，寫得頗為風趣：

一山門作兩山門，兩寺原以一寺分。
東澗水流西澗水，南山雲起北山雲。
前台花發後台見，上界鐘聲下界聞。
遙想吾師行道處，天香桂子落紛紛。

六相圓融，萬有一體，無論東西、南北、前後、上下，還是山門、流水、雲彩、花朵，一一互爲緣起，相即相入。生命存在原來如此親切而又嚴整！程顥《秋日偶成》詩云：「萬物靜觀皆自得，四時佳興與人同。道通天地有形外，思入風雲變態中。」這種與宇宙自然同體的情懷，正所謂心量廣大，可容納十萬虛空。

雅興共尋方外樂

在方外的天地中，心靈得到舒展，天性得以流露，人生境界遂無限的寬闊，無限的明媚，瀰漫著無以名狀的詩意。

唐代牟融的《遊報恩寺》說：

山房寂寂篳門開，此日相期社友來。
雅興共尋方外樂，新詩爭羨郢中才。
茶煙裊裊籠禪榻，竹影蕭蕭掃徑苔。
醉後不知明月上，狂歌直到夜深回。

詩寫的是禪僧與士大夫聚會的情景。他們或品茶，或遊賞，或作詩，或唱歌，或飲酒，或清談，一個「醉」字，一個「狂」字，把那種無拘無束、自由自在的氣氛給寫活了。

這種方外之樂，完全是一種藝術化的單純的人生，使人陶然如醉的人生。

中國的士大夫，平日的生活是相當沉悶的。在衙署裡是官吏，在家中是家長或晚輩，他們根據社會所賦與的身分而行動，循規蹈矩，正襟危坐，生怕「形象」樹立得不好。這裡容不得眞率。

但方外是另一片天地。唐代詩人白居易，平日極爲嚴謹、莊重，但在洛陽時，與香山僧如滿等結淨社，「爲遊賞之樂，茶鐺酒勺不相離。嘗科頭箕踞，談禪咏古，晏如也。」在方外的天地中，社會身分已不復存在，大家都歸眞返璞，只是一個無拘無束的「人」。於是，心靈得到舒展，天性得以流露，人生境界遂無限的寬闊，無限的明媚，瀰漫著無以名狀的詩意。不錯，置身於無長無少、無尊無卑、無貴無賤的環境中，人是多麼自由，多麼健全。

宋代道濟（俗稱濟顚和尙）禪師的絕筆之作云：

> 六十年來狼藉，東壁打倒西壁。
> 如今收拾歸來，依舊水連天碧。

不妨說，方外之樂，就呈現出這種「水連天碧」的氣象，儘管士大夫們不可能永遠置身方外。

林下何曾見一人

年老心閒無外事，麻衣草座亦容身。
相逢盡道休官好，林下何曾見一人。

唐代的韋丹曾在江南西道作觀察使，與靈澈禪師爲忘形之交，詩歌酬唱，每月四五次。一天，韋丹讀了靈澈的《匡廬七咏》，不禁萌動歸隱之念，遂作《思歸》絕句奉寄靈澈。詩云：

王事紛紛無暇日，浮生冉冉只如雲。
已為平子歸休計，五老岩前必共君。

靈澈見詩，想到生活中的一些士大夫，口唱歸隱而心戀官爵，不禁寫下了《東林寺酬韋丹刺史》：「年老心閒無外事，麻衣草座亦容身。相逢盡道休官好，林下何曾見一人。」對於名利場中的士大夫來說，這眞是風趣而辛辣的調侃。天下名山僧佔多。出家爲僧，超脫於世俗利益之外，禪師們的追求，以出世爲基點。士大夫們標榜淸高，卻只是口上說說，並不眞的歸隱（更不會出家爲僧了），難怪靈澈會不客氣地挖苦他們了。

山林與城市的品格差異，元代的僧英也曾加以強調。其〈山中景〉云：

六月山深處，松風冷襲衣。
遙知城市裡，撲面火塵飛。

白居易有〈過天門街〉詩：「雪盡終南又欲春，遙憐翠色對紅塵。千軍萬馬九衢上，回首看山無一人。」以天門街爲主，諷刺京城中皆奔赴名利之徒，沒有能欣賞自然之美者。僧英此詩則以「山中景」爲主，袒露作者超然出世的胸襟。與「火塵」無緣的禪師們，是有資格嘲諷與「林下」少緣的士大夫的。

皎然〈秋居法華寺下院望高峰贈如獻上人〉詩云：

峰色秋天見，松聲靜夜聞。
影孤長不出，行道在寒雲。

如此風標凜凜的高僧，當他俯看紅塵中的讀書人時，也許會滿懷慈悲而長嘆一聲。

漁與禪

相聚即為鄰，煙火自成簇。
約伴過前溪，撐破蘼蕪綠。
——〈漁〉

漁家的生活，確有幾分禪意。

小船是他們的家。他們自幼住在小船上。小船太小，叫人想起水上的海鷗，輕快、敏捷。可是當大風捲來時，它又沉著得很，破浪前進，不搖不晃，活像駿馬在草地上飛奔。

他們沒有鄰居。他們的鄰居卻又多得數不清。白天出去撒網、垂釣，晚上就近停泊。幾隻船並攏，這便成了鄰居。生火做飯，一縷縷炊煙不急不徐地上升，相互呼應著，圍成一圈，像許多小孩子在玩遊戲。吃過飯，談天說地，講古論今，那自由自在的情形被好些讀書人當作風景。

一覺醒來，又是一天開始。大家約定了，今日一同去前溪捕魚。天是藍的，樹是綠的，水是藍和綠的交融，顏色像青青的蘼蕪，看一眼，便生淡淡的醉意。興致有如朝陽，越升越高，笑語中，竹篙點水，水中的藍天綠樹給撐破了。

漁家的生活，就是這樣一種氣象。

江上禪趣

江客柴門枕浪花，鳴機寒櫓任嘔啞。
輕舟過去眞堪畫，驚起鸕鷀一陣斜。

——《北渡》

松江是陸龜蒙隱居的地方。每到天氣寒暖適中時，他便乘一隻小船，帶上書、筆、釣竿、茶具，盪著槳，太湖三萬六千頃，水天一色，空明澄澈，任其逍遙；或者往來松江，品嚐其間的詩情畫意。他自稱「江客」，那份親切感，不難體會出來。

綠油油的水面，沒有別的船隻。他像朋友一樣熟悉了這條河：有時候，夕陽西下，餘暉斜照，茫茫江面，彷彿夢境一般迷濛；有時候，晨風吹來，垂柳的身影在水面一彎一曲地蠕動，似乎還未睡醒。而此刻，既不是清晨，也不是傍晚。天氣好，江面綠得發亮。

小船離開了岸邊。搖櫓的聲音眞是美妙，嘔嘔啞啞，與婦女紡織的聲音同樣輕盈，同樣活潑。自然，這是由於陸龜蒙的心境好。倘若情緒低沉，他耳邊的櫓聲儘管也像機鳴，可「織」出來的卻是一段一段的「愁」，比如他在〈溪思雨中〉就提到：「雨映前山萬納絲，櫓聲衝破似鳴機。無端織得愁成段，堪作騷人酒病衣。」今天他很愉快，櫓聲聽來也成了享受。

令陸龜蒙陶醉的還有另外一幅畫面。鸕鷀是松江一景。它又名「水老鴉」、「魚鷹」。蘆葦叢中很容易找到它們的巢。陸龜蒙駕著小舟從江面輕捷地駛過，不料驚動了一群棲息著的魚鷹，撲楞楞，它們扇著翅膀飛了起來，紫黑色的羽毛閃現出金屬般的光澤：這種機警的鳥，習慣了紛紛擾擾的生活，受了驚嚇也還能夠鎮靜地飛翔，看上去惹人欽羨。

陸龜蒙眞想把整個身心與大自然融爲一體。

杜荀鶴筆下的釣叟

茅屋深灣裡，釣船橫竹門。
經營衣食外，猶得弄兒孫。
——《釣叟》

茅屋的主人是漁父。茅屋搭在小河拐彎的地方。房子簡陋極了，連門也是用竹子編成的。一條尖尖的釣船就橫在竹製的門前。主人像熟悉朋友一樣熟悉這條河。哪裡深，哪裡淺，哪裡宜於垂釣，哪裡適合撒網；就連魚喜歡在哪兒出沒玩耍，他也瞭如指掌。這條釣船，既是他的謀生工具，也不妨看成他遊樂的玩具。

最令老人快活的是逗弄他的一群兒孫。要是別人，聽到一群孩子吵吵鬧鬧，也許會冒火鬧起脾氣來。可是他不，只是眯眯地笑著。他聽慣了，日子長了，要是聽不見這種聲音，就覺得清淡，沒有意思。有時候，他把小孫子的臉貼在自己的臉上、嘴邊，然後一直滑到下巴頦。鬍鬚扎得小孫子咿咿呀呀地叫，他感到說不出的愜意。夏天，他還樂意把兒孫們領到船上去，像趕鴨子般放到水裡，看他們的腦袋在水面上鑽進鑽出。

老人就這樣生活著。他心滿意足。他彷彿待在一片靜謐的桃花源裡。自然，外面的世界很熱鬧，但也到處都有危險。老人寧願隱居於這條河灣裡，平平靜靜地度過晚年。是啊，每天經營衣食之外，再逗弄逗弄兒孫，不是也禪意盎然嗎？

飛來峰前的感嘆

在這重台疊閣的重壓下，飛來峰要想再飛起來，恐怕是不行了！

晚唐時人方干寫過一首《題寶林寺禪者壁》的詩，題下自注說：「山名飛來峰。」詩的全文是：

邃岩喬木夏藏寒，床下雲溪枕上看。

台殿漸多山更重，卻令飛去即應難。

飛來峰，這名字真好！人們最熟知的飛來峰位於浙江杭州市西湖西北的靈隱寺前，又名靈鷲峰。相傳東晉咸和初（約三二六），印度高僧慧理登臨此山，說：「此天竺靈鷲山之小嶺，不知何年飛來？」所以命名為飛來峰。這裡古木參天，岩石突兀，如矯龍，如奔象，如伏虎，如驚猿，墜者將傾，翹者欲飛，登臨者恍惚羽化登仙。命名為飛來峰，好！

在安徽省，天柱山的第二峰也叫飛來峰。山頂有一塊巨石，渾圓如蓋，壓在峰頂；其形如拳、如盤、如髻、如牛眠、如虎卧。孤聳峰頭，不見伏脈，似從天外飛來，飛來峰因飛來石而得名。

方干遊覽的這座飛來峰，則既不在浙江，也不在安徽，而位於廣東韶關市南約二十公里處。峰巒奇秀，乃庾嶺的分脈。山下是北江的支流曹溪。唐高宗儀鳳二年（六六七），禪宗六祖慧能來到這裡，由許多信徒支持，在寶林寺中開始傳法，發展禪宗南派，寶林寺因而被佛教徒們尊稱為「祖庭」。唐代敕名「中興寺」、「法泉寺」。宋初賜名南華禪寺，一直沿用到今天。

方干是在酷暑時節登臨飛來峰的。時值盛夏，那壓迫人的沉悶的暑熱，擠得人不停地喘氣；然而飛來峰頂，卻是別一個天地。深邃的岩洞，高大的喬木，彷彿貯藏著冬日的清寒，人一到這兒，全身便像沖了個涼水澡，舒暢極了；雲朵好像從「床下」飄過，輕快的溪水聲悠悠傳來，使方干感到了桃花源般的寧靜。

方干轉移視線，他看到了一座座壯麗的殿塔。他覺得，六祖慧能一向主張「教外別傳，不立文字，直指人心，見性成佛」，六祖所倡導的頓悟，實在也和飛來峰一樣的飄逸灑脫，氣韻不凡。既然如此，又何必在排場上下功夫，建如此眾多的台閣？朱欄玉戶，畫棟雕粱，樓台高峻，壁砌生光，這濃重的富貴氣息，跟慧能的宗旨不相衝突嗎？不會窒息心靈的創造力嗎？方干忍不住感嘆道：在這重台疊閣的重壓下，飛來峰要想再飛起來，恐怕是不行了！

禪境

如何是道？白雲覆青嶂，蜂鳥步庭花。

如何是西來意？白猿抱子來青嶂，蜂蝶銜花綠蕊間。

在《五燈會元》中，天杜崇慧禪師與其門徒有段瀰漫著詩情畫意的對白：

如何是道？白雲覆青嶂，峰鳥步庭花。

如何是西來意？白猿抱子來青嶂，蜂蝶銜花綠蕊間。

如何是禪人當下境界？萬古長空，一朝風月。

如何是亡僧遷化的去處？灊岳峰高長積翠，舒江明月色光輝。

如何是天柱（崇慧居處）境？主簿山高難見日，玉境峰前易曉人。

如何是天柱家風？時有白雲來閉戶，更無風月四山流。

如何是和尚利人處？一雨普茲，千山秀色。

崇慧禪師借景喻禪，而景又主要是自然山水；由此，我們發現，山水詩的意趣與禪意是相通的。從這個角度，我們來讀讀唐人劉長卿的《下山》詩：

誰識往來意？孤雲長自閒。
風寒未渡水，日暮更看山。

木落衆峰出，龍宮蒼翠間。

「誰識」句，一問提起，於是「孤雲長自閒」就不獨寫景，更是喻「意」，表現出作者蕭散疏宕的胸襟；「風寒」以下是這胸襟的具體坦露：「風寒」卻不肯「渡水」，「日暮」仍依依「看山」，其迷戀山水的情態，歷歷如繪。這不正是禪所倡導的生存方式麼？

雪泥鴻爪

人生到處知何似？應似飛鴻踏雪泥。
泥上偶然留指爪，鴻飛哪復計東西？

宋仁宗嘉祐六年（一〇六一）十一月，蘇軾出任鳳翔府（今屬陝西）簽判，他的弟弟蘇轍送他到鄭州，分手後返回開封，寫了〈懷澠池寄子瞻兄〉詩。蘇軾讀了，便依韻寫了〈和子由澠池懷舊〉詩：

人生到處知何似？應似飛鴻踏雪泥。
泥上偶然留指爪，鴻飛哪復計東西？
老僧已死成新塔，壞壁無由見舊題。
往日崎嶇還記否？路長人困蹇驢嘶。

「雪泥鴻爪」之喻，就出自這首詩。

「人生到處知何似？」是呀，像什麼呢？爲了謀生，或者爲了做官，爲了利，或者爲了名，東奔西走，忙碌不停，落實下來，不過像一隻鴻雁而已。那鴻雁，天冷時到南方避寒，天暖時到北方生養，年年如此，留下了什麼？它的腳爪踏在雪泥之上，留下幾許印痕，可轉眼它又飛走了；那幾許印痕，它哪會放在心上呢？何況，那印痕也會很快消失。人生既然如雪泥鴻爪，隨時變滅，我們又何不超脫些呢？

在《五燈會元》中，天衣義懷禪師說過兩句相當精彩的話：「雁過長空，雁沉寒水。雁無遺蹤之意，水無留影之心。若能如是，方解向異類中行。」這些話，與「雪泥鴻爪」之喻在字面上有相近之處，但意思不大相同。

眞正滲入到這首詩中的，應該說，不是禪宗的個別字眼，而是佛禪的整體觀念。佛教認爲，人生無常，「念念不住，猶如電光、暴水、幻炎」；不只人生如此，世界上的萬事萬物也都「如幻、如焰、如水中月、如虛空、如響、如犍闥婆城、如夢、如影、如鏡中像、如花」。蘇軾常用的一個比喻是「人生如夢」，這首詩中的「雪泥鴻爪」之喻，其實是「人生如夢」的一個創造性的翻版；而這兩個比喻，又都洋溢著濃郁的佛家風味。

也無風雨也無晴

雨既不怕，晴亦不喜，胸懷坦蕩，任天而動。

「此心安處即吾鄉」，外界的晴、雨且由它去！

我很喜歡蘇軾的《定風波》（莫聽穿林打葉聲）。元豐五年（一〇八二）三月七日，蘇軾與幾位友人在沙湖道中遇雨，「同行皆狼狽」，蘇軾卻毫不在意。一會兒，天氣便轉晴了。事後，蘇軾寫了這首詞：

莫聽穿林打葉聲，何妨吟嘯且徐行。竹杖芒鞋輕勝馬，誰怕？一蓑煙雨任平生。

料峭春風吹酒醒，微冷，山頭斜照卻相迎。回首向來蕭瑟處，歸去，也無風雨也無晴。

這即是禪宗所說的「眼界今無染，心空安可迷」的超脫心態。雨既不怕，晴亦不喜，胸懷坦蕩，任天而動。蘇軾本人對詞的最後兩句也格外青睞，他後來在海南島作《獨覺》詩，也用了「回首向來蕭瑟處，也無風雨也無晴」。

喜歡蘇軾這首詞的不只我一人。比如，張菡便寫過一篇《窗外穿林竹葉聲》的短文。他以富於禪意的筆調對讀者傾訴說：「我喜歡蘇軾那首《莫聽穿林竹葉聲》。精神的坎坷中，跟著他竹杖芒鞋多了些輕快的野趣。生活於山林，風雨頻仍。或許是由於松蔭崖背之下還有一間安穩的小舍，淅淅瀝瀝聲時常助我恬然入夢。」「回首向來蕭瑟處，人類偉大心靈一直在艱苦跋涉。因疲勞顯得沉寂，他往往不動聲色，沒有狂歌，沒有狂喜，沒有狂悲。也無風雨也無晴的黃昏，我給蘇軾倒了一杯加牛奶的咖啡。不知他是否能脫下蓑衣陪我小酌片刻，說說這一片林子，這一片雨，以及明天早晨的雨……」

「此心安處即吾鄉」，外界的晴、雨且由它去！

蘇軾的禪機

一冷一暖，謂之世情。

元初方回的《名僧詩話·序》說：「北宗以樹以鏡爲譬，而曰：『時時勤拂拭，不使惹塵埃』；南宗謂『本來無一物，自不惹塵埃』，高矣。後之善爲詩者，皆祖此意，謂爲翻案法。」破壁斬關的翻案法，確爲禪家所擅長。

蘇軾也擅長翻案。

據五代王定保的《唐摭言》記載：唐時太原人王播，少孤貧。曾流落揚州，寄食於惠昭寺，靠和尚們養活。日子久了，爲寺僧所厭惡。有一次，寺僧們吃過飯後才敲鐘，讓他撲了個空。後來王播做了淮南節度使，開府揚州，重遊惠昭寺，發現他從前在壁上題的詩，如今已被寺僧們用碧紗罩上。王播感慨世態炎涼，人情冷暖，在旁邊寫了二首絕句，後一首是：

上堂已了各西東，慚愧闍黎飯後鐘。
二十年來塵撲面，而今始得碧紗籠。

「闍黎」即阿闍黎，梵語的音譯，指高僧。從「塵撲面」到「碧紗籠」，一切都取決於王播的地位。

這則掌故常被人提到，用來說明「一冷一暖，謂之世情」。但蘇軾卻別具隻眼，他的《石塔寺》詩一反常論，爲和尚們的行爲喝采。全詩如下：

飢眼眩東西，詩腸忘早晏。
雖知燈是火，不悟鐘非飯。
山僧異漂母，但可供一莞。
何為二十年，記憶作此訕？
齋廚養若人，無益祇貽患。
乃知飯後鐘，闍黎蓋具眼。

詩前有小序云：「世傳王播《飯後鐘》詩，蓋揚州石塔寺事也。相傳如此，戲作此詩。」雖自云「戲作」，詩的意蘊卻是相當深厚的。蘇軾稱讚高僧們「具眼」（有見識），「具」什麼「眼」呢？照我的理解，蘇軾的意思是：像王播這樣忘記人家許多好處的人，留在世上，只是禍患；佛以慈悲爲本，不養活王播，免得他害人，正表現出對世人的絕大慈悲心。

我意當否？望賢達指教。

我意當否？望賢達指教。

禪心已作沾泥絮

寄語巫山窈窕娘，好將魂夢惱襄王。
禪心已作沾泥絮，不逐春風上下狂。

北宋時代，詩人與禪僧的交往相當密切，比如蘇軾和黃庭堅。

據說，李公麟善於畫馬，法秀禪師告誡他：：「入馬腹中亦足懼。」黃庭堅寫關於男女情愛的豔詞，人們爭相傳閱。法秀更是毫不客氣地指責他：「如此絕妙的文筆，難道甘心用來寫這種東西嗎？」庭堅笑道：「也要把我放進馬肚子裡嗎？」法秀說：「你以豔語打動天下人的淫心，不止入馬腹，只怕要進入泥犁地獄！」法秀這種聲色俱厲的警告，表明了禪師們對女色佔正統地位的態度。

蘇軾曾有意用女色來考驗禪師道潛。道潛號參寥子，詩和文章都寫得很好。

蘇軾任東徐太守時，道潛去拜訪，蘇軾特派一妓請他題詩，他援筆立成：

寄語巫山窈窕娘，好將魂夢惱襄王。
禪心已作沾泥絮，不逐春風上下狂。

蘇軾見了，讚嘆道：「我曾見柳絮落泥中，以爲可入詩料，不意被此老收得，實在可惜！」禪心已作沾泥絮，比之古井水，是更能拒絕誘惑的。

清代褚人獲《堅瓠己集》卷一《佛印書壁》一則尤爲風趣：

東坡挾妓登金山，以酒醉佛印，命妓同卧。佛印醒而書壁云：「夜來酒醉上床眠，不覺琵琶在枕邊。傳語翰林蘇學士，不曾彈動一條絃！」

比起傳說中坐懷不亂的魯男子來，佛印是絲毫不遜色的。

也許需要說明，佛印在後世小說中仍未喪失這種抵禦誘惑的力量。明代馮夢龍的《喻世明言》第三十回《明悟禪師趕五戒》，敍明悟與五戒前生都是高僧，但五戒破了色戒；後五戒投胎，做了蘇軾，明悟投胎，做了佛印禪師。佛印常跟蘇軾待在一塊兒，爲的是勸他「覺悟」。小說這樣寫五戒的破戒：

長老（五戒）一見紅蓮，一時差訛了念頭，邪心遂起，嘻嘻笑道：「清一，你今晚可送紅蓮到我臥房中來，不可有誤。你若依我，我自抬舉你……」

調侃五戒（蘇軾）的破戒，也就表達了對明悟（佛印）守戒的欣賞之意。

船子和尚的禪思

千尺絲綸直下垂，一波才動萬波隨。
夜靜水寒魚不食，滿船空載月明歸。

北宋惠洪的《冷齋夜話》裡有段趣味盎然的記載：

華亭船子和尚有偈曰：「千尺絲綸直下垂，一波才動萬波隨。夜靜水寒魚不食，滿船空載月明歸。」叢林盛傳，想見其爲人。山谷倚曲音，歌成長短句曰：「一波才動萬波隨，蓑笠一鈎絲。金鱗正在深處，千尺也須垂。吞又吐，信還疑，上鈎遲。水寒江靜，滿目青山，載明月歸。」

明代的陳繼儒說過：「人有一字不識而多詩意，一偈不參而多禪意，一勺不濡而多酒意，一石不曉而多畫意，淡宕故也。」所謂淡宕，即一種平靜恬淡的人生氣象。禪師們大多住在遠離世俗繁華的深山，這使他們的人生偏於逸的情調；而他們如行雲、如野鶴的無拘無束的生活，更進一步地點染出山林閒適之趣。隨緣任運，天眞自然，這即是禪思，即是禪趣，即是禪的精髓所在！船子和尙意在釣魚嗎？是，又不是。「滿船空載月明歸」，這兒的「空」，是否含有失望的意味呢？千尺釣絲，信手直垂，明月滿船，怡然而歸。禪師以無所執著之心，沉浸於空明澄澈的意境中，遂淸淡空靈，遂超塵脫俗，遂忘卻物我，遂禪意撲人。明代鍾惺說得好：「我輩文字到極無煙火處，便是（禪家）機鋒。」

船子和尙的偈，已臻於無煙火氣的境界。其實，許多禪偈都是如此。譬如：

山花開似錦，澗水湛如藍。

落花隨水去，修竹引風來。

滿目靑山春水綠。

一片月生海，幾家人上樓。

而一些清雅淡遠的寫景散文，字裡行間，也洋溢出濃郁的禪意。明代的屠隆說：「翠微僧至，衲衣全染松雲；斗室殘經，石磬半沉蕉雨。」這不妨說就是對一種清雅淡遠風格的體認。

黃庭堅的頓悟

未到江南先一笑，岳陽樓上對君山。

宋徽宗崇寧元年（一一〇二）春天，黃庭堅在被貶謫到四川將近六年之後，終於被赦。他準備回到江西故鄉去，經過湖南岳陽時，他登樓遠眺，寫下了題爲《雨中登岳陽樓望君山》的兩首絕句。其第一首云：

投荒萬死鬢毛斑，生出瞿塘灩澦關。
未到江南先一笑，岳陽樓上對君山。

這首絕句在描寫景物和表現心理狀態上都有以少勝多的特點。江南乃詩人故鄉，當他有幸重返，其所見當無不親切，但詩人並未逐筆細描，而是突出一個最佳立足點（岳陽樓）和一個最佳觀察點（君山），一下就讓讀者感受到其故鄉風物之可愛。尤其是在表現心理狀態時，詩人並不泛泛著筆，而是精心選擇了「未到江南先一笑」這個細節。好一個「笑」！「生入瞿塘灩澦關」是笑的起因，未到江南而將到江南之時是笑的開始，而當詩人登岳陽樓遠眺君山，其笑又該如何呢？黃庭堅雖未細加鋪敘，但讀者可以想見。

「未到江南先一笑」，這「笑」，其實是黃庭堅頓悟的標誌。所謂頓悟，就是得道，就是解脫。在經歷了重重磨難後，詩人終於以如炬的目光穿透了人生，他的心靈淨化了，他的生命單純了，他的臉上蕩漾著禪意。一切都如面前的山水一樣，那樣明淨，又那樣親切，那樣一目瞭然，又那樣含蘊深沉。報慈文欽禪師說：「看山看水實暢情。」趙州從諗禪師說：「無處青山不道場。」黃庭堅也說：「觀山觀水皆得妙，更將何物污靈台？」他這一「笑」，正是所「得」之「妙」在臉上的呈現。

「笑」——黃庭堅頓悟的標誌，在他另外的詩裡也出現過，比如〈王充道送水仙花五十枝欣然會心爲之作咏〉：

凌波仙子生塵襪，水上輕盈步微月。
是誰招此斷腸魂？種作寒花寄愁絕。
含香體素欲傾城，山礬是弟梅是兄。
坐對真成被花惱，出門一笑大江橫。

結尾掃卻前半，消納通身；一經領悟，境界頓闊。「出門一笑大江橫」，人生由此向上超越，該是何等令人振奮！

詩道兩悟

三十年來尋劍客，幾回落葉又抽枝；
自從一見桃花後，直到如今更不疑。

靈雲禪師在潙山（今湖南省寧鄉縣西）時，因見桃花悟道，作偈云：

三十年來尋劍客，幾回落葉又抽枝；
自從一見桃花後，直到如今更不疑。

潙山靈祐看了他的詩偈，「詰其所悟，與之符契」，鼓勵說：「從緣悟達，永無退失。」

黃庭堅善於用脫胎換骨法作詩。他受靈雲詩偈的啓發，寫了四句詩：

凌雲一笑見桃花，三十年來不到家；
從此春風春雨後，亂隨流水到天涯。

「靈雲」作「凌雲」，用《南史》「凌雲一笑」之語，以示名相空、文字空、畢竟空。筆致空靈，後人譽之爲「詩道兩悟」。

蔬筍氣

蔬筍氣是禪詩的生命所在，而「近世僧學詩者極多，皆無超然自得之氣，往往反拾掇摹仿士大夫所殘棄。」

宋代葉夢得曾在《石林詩話》中對某些詩僧提出批評。他認爲，蔬筍氣是禪詩的生命所在，而「近世僧學詩者極多，皆無超然自得之氣，往往反拾掇摹仿士大夫所殘棄。又自作一種僧體，格律尤凡俗，世謂之酸餡氣。子瞻有《贈惠通》詩云：『語帶煙霞從古少，氣含蔬筍到公無。』嘗語人曰：『頗解蔬筍語否？爲無酸餡氣也。』聞者無不皆笑。」

所謂「蔬筍氣」，即山林氣、超脫氣；所謂「酸餡氣」，即富貴氣、朝市氣。生活在靑山明月之間的禪僧，與白雲爲侶，與松濤爲伴，靜心息慮，追求一種永恆的生命存在。對於他們來說，寫詩實在是多餘的。即使有興揮毫，字裡行間，亦當充滿山情野趣，有一種林下風流。

我們來看幾首唐代禪僧的詩。無可〈廬山寺〉：

千峰盤磴盡，林寺昔年名。
步步入山影，房房聞水聲。
多年人跡絕，殘月石陰清。
更可求居止，安閒過此生。

「心如朗月連天靜，性似寒潭徹底清。」在他的詩裡，沒有一絲世俗的塵氛。

貫休〈天台老僧〉：

獨住無人處，松庵岳雪侵。
僧中九十臘，雲外一生心。
白髮垂不剃，青眸笑更深。

猶能指孤月，為我暫開襟。

一種「宇內爲閒客，人中作野僧」的樸拙「家風」，一種「怕寒懶剃蓬鬆髮」、「看山看水實暢情」的閒散意趣，一種「半夜白雲消散後，一輪明月到床前」的奇異景觀，一種「不是息心除妄想，卻緣無事另商量」的悠然風味，令人忘懷得失，獲得精神的解脫。眞是：

滿目青山春水綠，更求何地可忘機？

當然，禪僧的詩中，帶「酸餡氣」的也爲數不少，但那是不配叫作禪詩的。

山靜日長

空山、幽谷、白雲、古寺、曲逕、寒松、落花、啼鳥。
閒適恬淡，自我解脫，寧靜優雅，清淨澹泊。

這是一個遠於俗情的世界！

南宋羅大經〈鶴林玉露〉卷四的一則，題爲〈山靜日長〉，和煦溫馨、恬淡明快，讀後令人身世兩忘，特予引錄：

余家深山之中，每春夏之交，蒼蘚盈階，落花滿徑，門無剝啄，松影參差，禽聲上下。午睡初足，旋汲山泉，拾松枝，煮苦茗啜之。隨意讀〈周易〉、〈國風〉、〈左氏傳〉、〈離騷〉、〈太史公書〉及陶、杜詩，韓、蘇文數篇。從容步山徑，撫松竹，與麛犢共偃息於長林豐草間。坐弄流泉，漱齒濯足。既歸竹窗下，則山妻稚子，作筍蕨，供麥飯，欣然一飽。弄筆窗間，隨大小作數十字，展所藏法帖、墨跡、畫卷縱觀之。興到則吟成小句，或草〈玉露〉一兩段。再烹苦茗一杯，出步溪邊，邂逅田翁溪友，問桑麻，說秔稻，量晴校雨，探蘆數時，相與劇談一餉。歸而倚柴門之下，則夕陽在山，紫綠萬狀，變幻頃刻，恍可人目。牛背笛聲，兩兩來歸，而月印前溪矣。

〈山靜日長〉使人想起中國古代的禪詩，一種偏於隱逸情調的山水詩。從選擇的意象看，空山、幽谷、白雲、古寺、曲徑、寒松、落花、啼鳥，較之艷陽、紅花、暴風、驟雨等出現的頻率要高得多；從表達的情緒看，閒適恬淡，自我解脫，寧靜優雅，清淨澹泊，構成其主體部分；從審美效果看，這些作品並不引導讀者進入亢奮、激動的狀態，而是使人身心俱忘，忘卻了塵世，忘卻了繁華，忘卻了紛爭，漸漸地、慢慢地沉入澄明幽深之境，如夢如幻，如霧如煙。這是一個遠於俗情的世界。

比如唐代靈一禪師的《溪行紀事》：

近夜山更碧，入林溪轉清。
不知伏牛路，潭洞何縱橫。
曲岸煙已合，平湖月未生。
孤舟屢失道，但聽秋泉聲。

在幽深的溪谷中，在清澈的溪流上，晚煙蕩漾，夜色迷離；萬籟俱寂之時，唯有秋泉之聲淙淙。這種「萬物靜觀皆自得」的格調，與〈山靜日長〉一樣，展示出超然、清新的人生風采。

皎然的〈題湖上草堂〉詩尤具閒情逸致：

山居不買剡中山，湖上千峰處處閒。

芳草白雲留我住，世人何事得相關？

如閒雲，如野鶴，無羈無繫，無憂無慮，好一片泠然的心境！

莫笑高僧衣有塵

身心超脫，無滓無塵，這自是令人神往；但即使偶有塵滓，似也不必口誅筆伐，因為，一種偉大的人格，絕不是等閒可以成就的。

宋時，杭州徑山寺有個名叫至慧的禪僧，忍受不了那種清淡的生活，待他積攢了很多錢財以後，便打算還俗。還俗前，他寫了一首詩：

少年不肯戴儒冠，強把身心付戒壇。
雪夜孤眠雙足冷，霜天削髮禿頭寒。
朱樓美酒應無分，紅粉佳人不許看。
死去定為惆悵鬼，西方依舊黑漫漫。

唐代趙嘏的〈題僧壁〉詩說：「溪頭盡日看紅葉，卻笑高僧衣有塵。」假如趙嘏見了至慧，豈不更會大加嘲諷。

其實，至慧的還俗，倒是證明了出家人的可敬可佩。

佛教徒獨身修道，必須清心寡欲，這並非一件容易的事。因此，佛教規定，出家之前要有許多質問，凡不符合條件的，一律不允許受比丘戒。比如，父母未曾同意；患有痼疾；負債；現任官吏等等，共計十三難、十六遮。至於厭倦出家的清苦生活，願意還俗，則非常容易，只要對任何一人聲明，自己願意捨戒，便可放棄出家人身分，改變獨身的生活。這一難一易，正基於對獨身修道之艱難的認識。

唐代李洞的〈贈僧〉詩云：

不羨王侯與貴人，唯將雲鶴自相親。
閒來石上觀流水，欲洗禪衣未有塵。

身心超脫，無滓無塵，這自是令人神往；但即使偶有塵滓，似也不必口誅筆伐，因爲，一種偉大的人格，絕不是等閒可以成就的。

元稹〈尋西明寺僧不在〉詩云：「春來日日到西林，飛錫經行不可尋。蓮池舊是無波水，莫逐狂風起浪心。」委婉提醒僧人莫動塵心，這是比較恰當的態度。

順其自然便是保持法身完整的最好方法。一旦加入人為的成分，試圖按某種標準來塑造法身，也就不再有法身存在。

鑿破蒼崖已失眞

龍門石窟是著名的佛教藝術寶庫。位於河南洛陽市南十三公里處的伊河兩岸。石窟造像開創於北魏孝文帝遷都洛陽（四九三年）前後，歷經東西魏、北齊、隋、唐、北宋四百餘年的大規模營造，窟龕遍佈兩山。其代表性洞窟有北魏時的古陽洞、賓陽洞、蓮花洞和唐代的潛溪寺、萬佛洞、奉先寺、看經寺等，共計窟龕二千一百多個，造像十萬餘尊，題記和其他碑刻三千六百多品，佛塔四十餘座。這些令人嘆爲觀止的精品，古今詩人多爲之讚頌不已。然而，金代的劉中偏要跟衆人唱反調，他的《龍門石佛》詩云：

鑿破蒼崖已失真，又添行客眼中塵。
請君看取他山石，不費功夫總法身。

據記載，劉中為人，短小精悍，滑稽玩世；但這首詩，在詼諧之餘，仍多耐人玩索之處。

《莊子‧應帝王》中有一則寓言，說南海之帝為儵，北海之帝為忽，中央之帝為渾沌。一天儵與忽在渾沌處相遇，渾沌待二位甚善。儵與忽商量如何報答渾沌，說：「人都有七竅，用來視、聽、食、息，唯獨渾沌沒有，我們試著為他開鑿七竅吧。」每天鑿一竅，到第七天，渾沌便嗚乎哀哉了。

劉中的意思是否同於莊子呢？從反對鑿的角度看，二者相近；不過，劉中的詩，畢竟還須站在禪宗的立場來索解。

禪宗提出過一個問題：「萬法歸一，一歸何所？」萬物為神所創造，但神又住在哪？這種神的存在是無法證明的。禪宗以「千江同一月」作為這一問題的答案，意謂法身為一，卻又無所不在，連自然界的小草也是法身的體現。既然如此，順其自然便是保持法身完整的最好方法。一旦加入人為的成分，試圖按某種標準來塑造法身，也就不再有法身存在。所以劉中說：龍門石佛「已失眞」，而他山石「不費功夫總法身」。

一則公案說：蜀僧方辯來拜見六祖慧能，自稱「善捏塑」。慧能正色說：「試塑看。」方辯不懂慧能的眞意，便捏了一尊慧能像，「可高七尺，曲盡其妙。」慧能看了看，道：「汝善塑性，不善佛性。」

慧能爲什麼這樣評價方辯？

淨室

佛土無身、口、意三業的垢染，無劫濁、見濁、煩惱濁、衆生濁、命濁等五濁的禍害，是莊嚴淨土。

所謂淨室，就是清淨的住室，指佛寺。佛教認爲人世間充滿垢污，稱作「穢土」；世事染污眞性，稱色、香、聲、味、觸、法「六塵」。與之相對，佛土無身、口、意三業的垢染，無劫濁、見濁、煩惱濁、衆生濁、命濁等五濁的禍害，是莊嚴淨土。所以佛教又稱爲「淨教」，佛戒又稱「淨戒」，佛理又稱「淨心之道」，佛寺則有「淨刹」、「淨室」、「淨住舍」等別名。

佛寺稱爲淨室，令人想見其環境的清幽。北魏楊衒之《洛陽伽藍記》──「景林寺」曰：「寺西有園，多饒奇果，春鳥秋蟬，鳴聲相續。中有禪房一所，內置祇洹精舍。」一般禪堂確乎多在花木繁盛之處，唐代常建《破山寺後禪院》「曲徑通幽處，禪房花木深」一聯尤爲人稱道。

佛寺稱爲淨室，還讓人想見它淨化心靈的作用。明代吳兆《晚登九華山》詩云：

望江亭望晚江晴，颯颯秋兼風水聲。
寺隔數峰猶未到，禪燈幾點翠微明。

寫九華而落筆到「寺」，寫「寺」而落筆到「禪燈幾點」，寫「禪燈」而強調猶隔「數峰」，可謂善狀佛教名山的莊嚴肅穆的氣象。遠眺者心境之恬淡，亦顯而易見。

清代李國榮〈牛首山〉詩云：

獨上藏龍窟，遙瞻踞虎邦。
四天圍碧嶂，一氣滾寒江。
淨貝安禪悅，香燈冷法幢。
頓令塵思盡，高倚白雲窗。

此詩入手擒題，從「獨上」牛首山「遙瞻」南京城寫起，繪出「四天圍碧嶂，一氣滾寒江」的高卓不凡的境界；再就近處的佛寺生發，展開「頓令塵思盡，高倚白雲窗」的特寫。點染佛寺而著眼於掃除「塵思」，筆力雄健，渾然而來，堪稱「大氣大力」。

流水道人意

如流水一樣隨緣任運，這即是禪的態度，這即是入道。

玄沙師備禪師曾說：「我們好像是全身沒入大海裡，卻伸手向人討水喝。」當某僧千里迢迢來請他指示入道之路時，玄沙問他：「你適才進山，聽到潺潺的溪水聲了嗎？」僧答：「聽到了。」玄沙道：「這便是你的入處。」

如流水一樣隨緣任運，這即是禪的態度，這即是入道。

無獨有偶地，清代的禪僧古桀也曾經用「流水」來比喻「道人」（和尚）之「意」，其《山行》詩云：

出門無定所，一路喬松陰。
流水道人意，青山太古心。
偶然乘輿往，不覺入雲深。

獨立發長嘯，蕭蕭風滿林。

「流水」、「青山」、「松陰」、「深雲」——泛泛寫來，全不細察，正體現出一種「出門無定所」，隨意漫遊的情趣；而這情趣又鮮明地顯示了作者隨緣任運的處世風格。似泛而實不泛，構成此詩的一大特色。

如流水一般隨緣任運，將這種「意」表達得格外引人注目的還數唐代的詩僧寒山，其詩云：

粤自居寒山，曾經幾萬載。
任運遁林泉，棲遲觀自在。
寒岩人不到，白雲常靉靆。
細草作臥褥，青天為被蓋。
快活枕石頭，天地任變改。

＊＊＊＊＊

流水道人意

如流水一樣隨緣任運，這即是禪的態度，這即是入道。

一住寒山萬事休，更無雜念掛心頭。
閒於石壁題詩句，任運還同不繫舟。

所謂「不繫舟」，不恰好是隨流水而行嗎？

大廈之材，本出幽谷

大廈之材，本出幽谷，不向人間有也。

禪宗的作風，就前期而言比較重林谷而遠人間。他們提倡幽居獨處，潛形山谷。當有人問弘忍這樣做的原因時，他解釋道：「大廈之材，本出幽谷，不向人間有也。以遠離人故，不被刀斧損斫，——長成大物，後乃堪為棟梁之用。故知棲神山谷，遠避囂塵，養性山中，長辭俗事，目前無物，心自安寧，從此道樹花開，禪林果出也。」獨樹孤峰，端居樹下，這是修禪的有效途徑之一。

也許是由於養性與山林的這種密切關係，中國古代的詩人，當他們一旦進入山中，便自覺心境恬適，油然而生遠離紅塵之感。作為例證，我們來讀清代錢名世的〈春霽山行〉：

孟春值陰雨，經旬閉柴荆。
晨興理短策，試向前山行。
始霽群卉坼，稍暄百鳥鳴。
攀躋紆石磴，迢遞延葱菁。
谷幽嵐正合，路轉湖偏明。
松風有時歇，悠然聞水聲。
即此愜吾慮，綿邈生遙情。

久雨初晴，固然令人快意，情不自禁想去山中一遊；但久雨後的山中春色是否足夠動人呢？會不會高興而去，敗興而歸呢？「試向前山行」，一個「試」字，細膩準確地寫出作者這種沒有把握的心理狀況。

中間八句極寫山色動人。群卉爭坼，百鳥競鳴，曲徑通幽，山色欲滴；「嵐正合」，「湖偏明」，一正一反，一縱一擒，筆力健拔，以「明」寫水，有畫龍點睛之妙。而所有這些出乎意料的美景，對於一個「經旬閉柴荆」的人，自然更富於吸引力了。難怪他「攀躋紆石磴，迢遞延蔥菁」，一直興致勃勃地遊賞，並且最後「綿邈生遙情」，起出世之想了。

此詩不故作驚人語。但從「試向前山行」開始，到「綿邈生遙情」結束，層層推進，引出冰雪襟懷，正見得山林有益於養性。

唐代禪僧拾得詩云：

雲山迭迭幾千重，幽石路深絕人蹤。
碧澗清流多勝境，時來鳥語合人心。

在雲山和深谷中，詩人的無心於世的野情，也如碧澗清流，一片澄明！

流行坎止任安排

禪宗提倡「本心即佛」，解脫一切外在的羈絆，「無我無欲心則休息，自然清靜而得解脫，是名曰空。」

「流行坎止任安排」，表達的就是這種人生哲學。

清代金埴的〈不下帶編〉卷一記載：某僧住在山中，有人圖謀佔他的地盤。這位僧人於是在方丈前題了一首詩：

方丈前□掛草鞋，流行坎止任安排。
老僧腳底從來闊，未必骷髏就此埋。

爾後，便穿著草鞋，雲遊四方去了。

毫無疑問，這位僧人領悟了禪的眞髓。玄覺的〈永嘉證道歌〉說過：

幾回生，幾回死，生死悠悠無定止，
自從頓悟了無生，於諸榮辱何憂喜。

禪宗提倡「本心即佛」，解脫一切外在的羈絆，「無我無欲心則休息，自然清靜而得解脫，是名曰空。」無論榮華富貴，還是挫折不幸，都只是身外之物。只要保持清靜的本心，如古井無波，任何外在的風浪都干擾不了我的生活。「事無逆順，隨緣即應，不留胸中」，便能擔當一切，堅韌不拔。「流行坎止任安排」，表達的就是這種人生哲學。

南宋辛棄疾的兩首詞也是對這種人生哲學的發揮。一爲《鷓鴣天·有感》，說「處」（隱居）未必遜色於「出」（做官），關鍵在於當事人的心境如何：

出處從來自不齊，後車方載太公歸。誰知寂寞空山裡，卻有高人賦采薇。黃菊嫩，晚香枝。一般同是採花時。蜂兒辛苦多官府，蝴蝶花間自在飛。

一爲〈瑞鷓鴣·京口病中起登連滄觀偶成〉，說功名無須強求：

膠膠擾擾幾時休？一出山來不自由。秋水觀中山月夜，停雲堂下菊花秋。隨緣道理應須會，過分功名莫強求，先自一身愁不了，那堪愁上更添愁。

不爲物喜，不爲己悲，精神才能自在，人生才有情趣。

「我輩禪」

「我輩禪」即玄學。

魏晉玄學的一個命題就是得意忘言，就是言不盡意，就是忘言、忘象。

南朝宋劉義慶的〈世說新語〉是禪宗出現之前的一部書，但其〈文學〉篇中的幾則卻饒具禪意，試爲拈出，以供讀者欣賞。

第一則：有客人讀《莊子》，讀到「指不至，至不絕」時，不明瞭其意義，去問樂廣。樂廣並不逐字逐句加以解釋，只是用麈尾柄敲了敲几案，問：「達到了嗎？」客說：「達到了。」樂廣又把麈尾舉起來，問：「如果已經達到，那又怎麼能脫離呢？」客人於是領悟了其中道理，心悅誠服。

第二則：支道林撰寫《即色論》完稿後，送給王坦之看。坦之看了，一言不發。支道林問：「默而識之乎？」（不用說什麼就懂得了？）王答道：「既無文殊，誰能見賞？」（既然沒有文殊菩薩，誰能賞識我無言的回答呢？）

像樂廣、王坦之這樣舉麈無言，機鋒應接，乃唐以後禪宗的習慣做法。當時禪宗初祖達摩尚未東來，怎麼會出現這種情形呢？南宋的劉辰翁批點《世說新語》，評樂令舉麈一條說：「此時諸道人（僧人）卻未知此。此我輩禪也，在達摩前。」確屬精闢之論。

「我輩禪」即玄學。魏晉玄學的一個命題就是得意忘言，就是言不盡意，就是忘言、忘象。王弼說：「得意在忘象，得象在忘言。故立象以盡意，而象可忘也。重畫以盡情，而畫可忘也。」語言無力表達我們的內心體驗，這時，我們便有必要撇開語言這一工具。玄的深意在此，禪的深意亦在此。

其實，明瞭玄、禪的同一性的，遠不止劉辰翁一人。《北窗炙輠》記有周正夫的一段話：「淵明詩云：『山氣日夕佳，飛鳥相與還；此中有眞意，欲辯已忘言。』時達摩未西來，淵明早會禪。」這是非常俏皮的議論。禪作爲一種人生智慧，雖由禪宗特別拈出，但實際上從古至今時時伴隨著人類。它並非禪宗獨得之秘。《五燈會元》卷二載：

人問安國：「達摩未來此土時，還有佛法也無？」師曰：「自己分上作麼生，干他來與未來作麼；他家來大似賣卜漢見汝不會，爲汝錐破，卦文才生，吉凶盡在汝分上。」

這眞是見道之言。

鎖骨菩薩

入色界不被色惑，入聲界不被聲惑，入香界不被香惑，入味界不被味惑，入觸界不被觸惑，所以達六種色、聲、香、味、觸、法皆是空相，不能繫縛此無依道人。

唐代的延州，有名婦女，皮膚白皙，姿色很好，年約二十四五。她時常獨行於城市，青年男子，無不與她親近，「狎昵荐枕，無所不為」，數年後去世。傳奇作家李復言《續玄怪錄》中的這位延州婦人，其人生經歷似乎骯髒至極。但小說卻是將她作為鎖骨菩薩來塑造的。文中有這樣一段描述：大曆年間，忽有胡僧從西域來，見婦人墳墓，當即鋪陳坐具，敬禮焚香，圍繞讚嘆。有人問他：「這不過是個淫縱女子，人人都是她的丈夫。因她沒有家屬，所以埋在這裡。和尚為何敬重她？」胡僧答道：「個中原因，非檀越所知。她是鎖骨菩薩。慈悲喜捨，世俗之欲，無不滿足。不信可以開棺檢驗。」眾人即開墓，見其遍身之骨，果然鈎結皆如鎖狀。

李復言關於鎖骨菩薩的描寫自是荒誕不經，但也並非毫無經典的依據，《鎮州臨濟慧照禪師語錄》說：「入色界不被色惑，入聲界不被聲惑，入香界不被香惑，入味界不被味惑，入觸界不被觸惑，所以達六種色、聲、香、味、觸、法皆是空相，不能繫縛此無依道人。」鎖骨菩薩徇世人之欲，而她本人則保持了清淨超脫的無欲之心。

小說《濟公傳》中的濟公以「活佛」的身分遊戲人間，桃花庵主人的序就此評議說：

遇酒肉而不知戒，犯淫色而不知禁，往往嬉笑怒罵，恣情縱意，……究之，極意佯狂，盡是靈通慧性；任情遊戲，無非活潑禪機。

縱情聲色而又能無縛無依，鎖骨菩薩和濟公也許當得起這樣的評價。

蘇軾的一件軼事

對生活中的痛苦切莫反覆咀嚼。因為，越咀嚼便越傷感，越傷感便越覺悲傷難以承受。

陸游《老學庵筆記》卷一講述了蘇軾講一件軼事。蘇軾被貶海南，他的弟弟蘇轍亦被貶雷州，五月十一日，二人相遇於藤，一塊兒吃麵條。兩兄弟的性情是不大一樣的，蘇軾高曠豁達，而蘇轍的心底卻總是潛伏著某種人生的憂鬱。於是，當兩兄弟置身同樣的境遇時，其反應便大不相同了：轉眼之間，蘇軾已將「粗惡不可食」的麵條吃光，可蘇轍卻放下筷子在那兒嘆氣。蘇軾詼諧地問：「莫非你還想細細品味嗎？」言外之意是：對生活中的痛苦切莫反覆咀嚼。因爲，越咀嚼便越傷感，越傷感便越覺悲傷難以承受。

蘇轍的舉動令我們想起唐代的柳宗元。這位散文大家曾被貶到永州（今湖南省零陵縣），後改官柳州，比海南島近多了，可他卻悲憤莫名，一次又一次地爲自己的命運唏噓感慨。他在《永州八記·鈷鉧潭西小丘記》中借題發揮說：以此丘之勝，如果是在長安附近的話，那麼貴游子弟一定會出辣價錢購買；可如今，被拋棄在偏遠的永州，連農夫漁父都看不起它。這裡所隱喻的正是他本人的懷才不遇。由於心情抑鬱，柳宗元才四十七歲就病死在柳州。

蘇軾則眞正做到了禪宗所提倡的隨緣自適。他在惠州給人寫信說：「譬如原是惠州秀才，累舉不第，有何不可！」這樣一想，海南就成了他的故鄉了。而且，這個故鄉，不僅風景美好，還有新鮮的荔枝吃。於是，他興高采烈地寫了一首〈食荔枝〉詩：

羅浮山下四時春，盧橘楊梅次第新。
日啖荔枝三百顆，不辭長作嶺南人。

貶謫中的蘇軾，並沒有倒下來。

人生總免不了會遭遇挫折，我們是作蘇軾呢，還是作柳宗元、蘇轍？

是非成敗轉頭空

一切有為法，如夢幻泡影，如露亦如電，應作如是觀。

〈三國演義〉的開場詞是許多讀者都熟悉的：

滾滾長江東逝水，浪花淘盡英雄。是非成敗轉頭空。青山依舊在，幾度夕陽紅。

白髮漁樵江渚上，慣看秋月春風。一壺濁酒喜相逢。古今多少事，都付笑談中。

這首詞令我們想起皓布裩禪師的〈頌法身向上事〉：

昨夜雨滂亨，打倒葡萄棚。知事普請，行者人力。撐的撐，拄的拄，撐拄拄到天明，依舊可憐生。

〈三國演義〉的開場詞與〈頌法身向上事〉所展示的人生舞台大小迥異：前者以古今歷史爲咏嘆對象，後者則以雨中倒下的葡萄棚爲焦點；然而，二者的宗旨卻是一致的，即強調了人的努力的無意義。人是渺小的、卑微的，在茫茫的宇宙中間，人忙忙碌碌地做著自認爲有價値的事情，卻於事無補，對這世界來說毫無意義：「是非成敗轉頭空」，「依舊可憐生」。什麼痕跡也沒有留下，所有的努力都歸於零，歸於空白，歸於寂無。正如《金剛般若經》所說：「一切有為法，如夢幻泡影，如露亦如電，應作如是觀。」

既然人的努力毫無意義，那麼人生的價值何在？從這一疑問出發，禪宗提醒我們對這個世界保持超然的態度，從塵世的種種羈絆中獲得解脫與自由。《唐才子傳》說某些禪宗的詩僧往往「一食自甘，方袍便足，靈台澄皎，無事相干……青峰瞰門，綠水周舍，長廊步屧，幽徑尋眞，景變序遷，盪入冥思」，即是其超然生活的寫照。元代馬致遠的《夜行船·秋思》寫得好：

百歲光陰一夢蝶，重回首往事堪嗟。今日春來，明朝花謝，急罰盞夜闌燈滅。

想秦宮漢闕，都做了衰草牛羊野，不恁麼漁樵沒話說。縱荒墳橫斷碑，不辨龍蛇。

……

名利竭，是非絕。紅塵不向門前惹，綠樹偏宜屋角遮，青山正補牆頭缺。更那堪竹籬茅舍。

蛩吟罷一覺才寧貼，雞鳴時萬事無休歇，爭名利何年是徹！看密匝匝蟻排兵，亂紛紛蜂釀蜜，急攘攘蠅爭血。裴公綠野堂，陶令白蓮社。愛秋來時那些：和露摘黃花，帶霜烹紫蟹，煮酒燒紅葉。想人生有限杯，渾幾個重陽節。囑咐你個頑童記著：「便北海探吾來，道東籬醉了也！」

煩惱時念的詞

佛自西域而來，其空虛清淨之義，可使馳騖者息營求，憂愁者得排遣。

話說花果山美猴王，出外求仙訪道，行至西洋大海，忽見一座高山秀麗。正觀看間，聞得林深之處有人言語，急忙側耳而聽，原來是歌唱之聲。歌曰：

觀棋柯爛，伐木丁丁，雲邊谷口徐行。賣薪沽酒，狂笑自陶情。蒼徑秋高，對月枕松根，一覺天明。認舊林，登崖過嶺，持斧斷枯藤。收來成一擔，行歌市上，易米三斤。更無些子爭競，時價平平。不會機謀巧算，沒榮辱，恬淡延生。相逢處，非仙即道，靜坐講《黃庭》。

美猴王聽得此言，滿心歡喜，斷定這位唱歌的樵子是神仙無疑。但樵夫卻笑著告訴他：「實不瞞你說，這個詞名做《滿庭芳》，乃一神仙教我的。那神仙與我舍下相鄰，他見我家事勞苦，日常煩惱，教我遇煩惱時，即把這詞兒念念，一則散心，二則解困。我才有些不足處思慮，故此念念，不期被你聽了。」樵子說的「神仙」，其實是佛祖，因爲他名叫菩提祖師，且住在靈台方寸山斜月三星洞。（「靈台方寸」指「心」，「斜月三星」是「心」的象形的說法。）

「煩惱時念的詞」，樵子的這一解釋可說是對佛禪人生哲學的粗淺卻不乏睿智的概括。紀昀《閱微草堂筆記》說：「佛自西域而來，其空虛清淨之義，可使馳騖者息營求，憂愁者得排遣。」一個大學者的見解，與一位樵子的談論並無大的差異。

北宋蘇軾一生坎坷。被貶黃州時，他寫過一首《念奴嬌．赤壁懷古》詞：

大江東去，浪淘盡千古風流人物。故壘西邊，人道是三國周郎赤壁。亂石崩雲，驚濤拍岸，卷起千堆雪。江山如畫，一時多少豪傑。

遙想公瑾當年，小喬初嫁了，雄姿英發。羽扇綸巾，談笑間，強虜灰飛煙滅。故國神遊，多情應笑我，早生華髮。人間如夢，一樽還酹江月。

詞中提到的周瑜，年少俊偉，雄姿英發，手麾羽扇，頭戴綸巾，在從容不迫的談笑之間，就使「舳艫千里，旌旗蔽空」的曹軍「灰飛煙滅」。他的人生是何等輝煌！相形之下，蘇軾卻是「早生華髮」，一事無成，還落得貶官黃州。此情此景，若不慨嘆一聲「人間如夢」，蘇軾的滿腹憂愁將如何排解？

漁樵之樂

「性定果然知浪靜，身安自是覺風微」，「喜來策杖歎芳逕，興到攜琴上翠微」。

隨緣自足，一派禪家風味。

《西遊記》第九回寫到兩個賢人，「一個是漁翁，名喚張稍；一個是樵子，名喚李定。」他們在水秀山青的環境中，逍遙自在，隨緣而過，享受著漁樵之樂。且來聽聽他們的自白。

張稍有幾首抒發漁者之樂的詞：

煙波萬里扁舟小，靜依孤篷，西施聲音繞。滌慮洗心名利少，閒攀蓼穗蒹葭草。數點沙鷗堪樂道，柳岸蘆灣，妻子同歡笑。一覺安眠風浪俏，無榮無辱無煩惱。

紅蓼花繁映月，黃蘆葉亂搖風。碧天清遠楚江空，牽攪一潭星動。入網大魚作隊，吞鉤小鱖成叢。得來烹煮味偏濃，笑傲江湖打哄。

——〈蝶戀花〉

——〈西江月〉

李定也有幾首抒發樵者之樂的詞：

雲林一段松花滿，默聽鶯啼，巧舌如調管。紅瘦綠肥春正暖，倏然夏至光陰轉。又值秋來容易換，黃花香，堪供玩。迅速嚴冬如指拈，逍遙四季無人管。

——〈蝶戀花〉

蒼徑秋高拽斧去，晚涼抬擔回來。野花插鬢更奇哉，撥雲尋路出，待月叫門開。稚子山妻欣笑接，草床木枕敧捱。蒸梨炊黍旋鋪排，甕中新釀熟，真個壯幽懷！

——《臨江仙》

張稍、李定隱於漁樵，他們這種漁樵之樂，用四句詩來概括，是：「性定果然知浪靜，身安自是覺風微」，「喜來策杖歌芳徑，興到攜琴上翠微」。隨緣自足，一派禪家風味。

心猿歸正，六賊無蹤

靈台無物謂之清，寂寂全無一念生。
猿馬牢收休放蕩，精神謹慎莫崢嶸。
除六賊，悟三乘，萬緣都罷自分明。
色邪永滅超真界，坐享西方極樂城。

「心猿歸正，六賊無蹤」，這是《西遊記》第十四回的回目。

「心猿」何所指？孫悟空是也。孫悟空上天入地，大鬧三界，有如人的心充滿了各種欲望，時時不得寧靜。因此，在寫到孫悟空認唐僧爲師，皈依佛教時，《西遊記》引人注目地插入了一首禪詩：「佛即心兮心即佛，心佛從來皆要無。若知無物又無心，便是眞如法身佛。法身佛，沒模樣，一顆圓光涵萬象。無體之體即眞體，無相之相即實相。非色非空非不空，不來不向不回向。無異無同無有無，難捨難取難聽望。內外靈光到處同，一佛國在一沙中。一粒沙含大千界，一個身心萬法同。知之須會無心訣，不染不滯爲淨業。善惡千端無所爲，便是南無釋迦葉。」其中夾入了許多佛教名詞，不大好懂，但意思是淸楚的，即強調「心即是佛」，心生種種法生，心滅種種法滅。「心猿歸正」是成佛的大關節。

「六賊」何所指？欲望是也。這六賊，一個喚作眼看喜，一個喚作耳聽怒，一個喚作鼻嗅愛，一個喚作舌嚐思，一個喚作意見欲，一個喚作身本憂；它們是出家人的大敵。孫悟空有一次對唐僧說：「老師父，你忘了『無眼耳鼻舌身意』。我等出家人，眼不視色，耳不聽聲，鼻不嗅香，舌不嚐味，身不知寒暑，意不存妄想，如此謂之袪退六賊。」所以，他一見六賊剪徑，便「拽開步，團團趕上，一個個盡皆打死」。這是比喻歸正後的心猿努力克服自身的欲望。正是：

靈台無物謂之清，寂寂全無一念生。
猿馬牢收休放蕩，精神謹慎莫崢嶸。
除六賊，悟三乘，萬緣都罷自分明。
色邪永滅超真界，坐享西方極樂城。

悟空談禪

佛在靈山莫遠求，靈山只在汝心頭。人人有個靈山塔，好向靈山塔下修。

卻說唐僧辭別了欽法國王，師徒四人欣然上路。正歡喜處，忽見一座高山，遠遠的有些兇氣，唐僧見了，漸覺驚惶，滿身痳木，神思不安。悟空笑道：「你把烏巢禪師的《多心經》早已忘了？」唐僧道：「我記得。」悟空道：「你雖記得，還有四句頌子，你卻忘了哩。」唐僧道：「哪四句？」悟空道：「佛在靈山莫遠求，靈山只在汝心頭。人人有個靈山塔，好向靈山塔下修。」唐僧道：「徒弟，我豈不知？若依此四句，千經萬典，也只是修心。」悟空道：「不消說了，心淨孤明獨照，心存萬境皆清。差錯些兒成惰懈，千年萬載不成功。但要一片志誠，雷音只在眼下。似你這般恐懼驚惶，神思不安，大道遠矣，雷音亦遠矣。且莫胡疑，隨我去。」那唐僧聞言，心神頓爽，萬慮皆休。

悟空談禪，頗得南宗精要。相傳，禪宗二祖慧可往見達摩，懇求說：「師父，我心緒不寧，請爲我安心！」達摩說：「把你的心拿給我，我替你安。」慧可說：「我拿不出我的心。」達摩說：「那麼，我已把你的心安好！」達摩的意思是：心既然在自己身上，指望別人來「安」是不可能的。求自性只能靠自己。悟空說：「但要一片志誠，雷音只在腳下」，即旨在表明：「修」自己的「心」才是第一位的，佛就在自己心中。

《西遊記》第六十四回，拂雲叟（竹怪）打趣唐僧說：「道也者，本安中國，反來求證西方。空費了草鞋，不知尋個甚麼？石獅子剜了心肝，野狐涎灌徹骨髓。忘本參禪，妄求佛果，都似我荊棘嶺葛藤謎語，蘿菰渾言。此般君子，怎生接引？這等規模，如何印授？必須要檢點見前面目，靜中自有生涯。沒底竹籃汲水，無根鐵樹生花。靈寶峰頭牢著腳，歸來雅會上龍華。」雖屬笑談，卻不乏至理。因為，既然佛就在自己心中，又何須長途跋涉到西方去求證？如此說來，「西遊」本沒有什麼必要。

我是誰

「何者為我？若法是實、是真、是主、是依，性不變者，是名為我。」

明代趙南星《笑贊》載：

一和尚犯罪，一人解之。夜宿旅店，和尚酤酒勸其人爛醉，乃削其髮而逃。其人酒醒，繞屋尋和尚不得，摩其頭則無髮矣，乃大叫曰：「和尚倒在，我卻何處去了？」

趙南星的「贊」語道：「世間人大率悠悠忽忽，忘卻自己是誰，這解和尚的就是一個。其飲酒時更不必言矣，及至頭上無髮，剛才知是自己卻又成了和尚。

行屍走肉，絕無本性，當人深可憐憫。」

《笑贊》中的解差不知道自己是誰，這當然是誇大其辭的笑話；但在佛禪中，「我是誰」卻是至關重要的嚴峻提問。「何者爲我？若法是實、是眞、是主、是依，性不變者，是名爲我。」這樣的「我」叫做「大我」，意謂「大自在」，絕對自由，「大自在故名爲我」，用來說明如來佛的性質。至於我們的「色身」，則是虛幻的，是泡影般的存在。慧能曾問道明：「不思善，不思惡，正恁麼時，那個是明上座本來面目？」領悟了「我是誰」的問題，也就領悟了根本的禪理。一僧問大隨禪師：「如何是學人自己？」大隨道：「是我自己。」又問：「如何是和尚自己？」大隨道：「是你自己。」大隨指東說西，指山說水，有何深意在？

那個不是精的

任何時間、任何地點，都是好的；不能將禪限於某些對象，不能將禪繫於一處。禪要求人心不受任何拘束。

明代松滋人潘遊龍，曾經寫過一部《笑禪錄》。他利用佛家語錄的形式，前「舉」後「頌」，中間插入一個「說」，將出家和在家的一些相似的笑話組合在一起。其中一則是：

舉：盤山積師，行於市肆，見一人賣豬肉，語屠家曰：「精的割一斤來。」屠家放下屠刀，叉手曰：「長史，那個不是精的？」

說：友人勸監生讀書，生因閉門翻閱數日，出謝友人曰：「果然書該讀，我往常只說是寫的，原來都是印的。」

頌曰：「個個是精，心心有印，放下屠刀證菩提，揭開書本悟性命，咄，不煩閱藏參禪，即此授記已竟。」

「舉」所提到的盤山積師見人賣豬肉一事，見於《五燈會元》。相傳，盤山積師聽了屠家的回答後，「於此有省。」他省悟到了什麼呢？即：任何時間、任何地點，都是好的；不能將禪限於某些對象，不能將禪繫於一處。禪要求人心不受任何拘束。

潘遊龍大約覺得盤山積師見人賣豬肉的公案近乎故弄玄虛。頓悟竟會在這種場合獲得嗎?都說禪難以捕捉，而盤山積師的悟道卻又何等容易。潘遊龍以非禪的眼光來看禪，遂以爲禪只是笑話，於是他在「說」中講述了一個笑話來加以比附，並在「頌」中加以調侃。

其實，在禪中，像這樣看起來如同笑話而實則大有意味的情形是常見的，毋寧說，這正是禪的風格。比如下述禪宗的話頭：

如何是玄妙?沒有聽說過玄妙以前。

* * * * *

夜半吹燈方就枕，這裡忽然已天明。

* * * * *

要識祖師西來意，看取村社歌舞。

* * * * *

如何是學人親切處?渾家(妻子)送上渡頭船。

如此這般的提示或回答，按照尋常的邏輯來理解，怕是像「蠅愛尋光紙上鑽」一樣，永遠也穿「透」不了。

「隨分安閒得意」

「隨緣」表明了「眞如」（相當於「道」）的不變性：眞如是不變的本體，只有隨緣，它才能產生一切現象事物，產生因果的流轉。

馮夢龍《喻世明言》第一卷的開場詞：

仕至千鍾非貴，年過七十常稀。浮名身後有誰知？萬事空花遊戲。

休逞少年狂蕩，莫貪花酒便宜。脫離煩惱和是非，隨分安閒得意。

作者解說：「這首詞，名爲《西江月》，是勸人安分守己，隨緣作樂，莫爲酒、色、財、氣四字，損卻精神，污了行止。」

「隨緣」是佛家語彙。外界事物與自體接觸，謂之「緣」；應其緣而動作，稱「隨緣」。「隨緣」既是一種哲學理論，又是一種修身養性的方法。從理論上說，「隨緣」表明了「眞如」（相當於「道」）的不變性：眞如是不變的本體，只有隨緣，它才能產生一切現象事物，產生因果的流轉。唐代的賢首宗和宋代的天台宗都強調過這一理論。從修身養性的角度看，「隨緣」可以幫助人脫棄凡俗，進入「無我」之境。《續高僧傳》介紹菩提達摩「行入」四法說：「二，隨緣行者，衆生無我，苦樂隨緣，縱是榮譽等事，宿因所構，今方得之，緣盡還無，何喜之有？得失隨緣，心無增減，違順風靜，冥順於法也。」作爲修養方法的「隨緣」，其實就是隨遇而安，在各種環境中都安然自得，滿足現狀。

《紅樓夢》最後一回，寶玉已經出家，王夫人、寶釵、襲人等悲傷不已，大家安慰王夫人說：寶玉不過是借胎賈府，「與其作了官，倘或命運不好，犯了事，壞家敗產，那時倒不好了，寧可咱們家出一位佛爺，倒是老爺太太的積德，所以才投到咱們家來。不是說句不顧前後的話：當初東府裡太爺，倒是修煉了十幾年，也沒有成了仙。這佛是更難成的！太太這麼一想，心裡便開豁了。」遇到不順心的事，退一步想，求得心靈的平靜，這可說是「隨緣」哲學的具體運用。

南宋辛棄疾《鷓鴣天·登一丘一壑偶成》詞曰：

莫殢春光花下遊，便須準備落花愁。百年雨打風吹卻，萬事三平二滿休。

將擾擾，付悠悠，此生於世百無憂。新愁次第相拋捨，要伴春歸天盡頭。

全詞以隨緣自適的精神為骨，是詞境，也是禪境。

僧壁畫西廂

禪宗的悟，如「罔象無心，明珠忽然在掌」，無論什麼樣的觸發，都有可能使人開悟。

馮夢龍的《古今譚概》中有《僧壁畫西廂》一則：

丘瓊山過一寺，見四壁俱畫《西廂》，曰：「空門安得有此？」僧曰：「老僧從此悟禪。」丘問：「何處悟？」答曰：「是『怎當他臨去秋波那一轉』。」

《西廂記》是元代王實甫的雜劇作品。男主角爲張生，女主角爲崔鶯鶯。二人在普救寺相遇，張生一見鶯鶯，便失魂落魄，戀戀不捨。鶯鶯走後，張生失望地唱道：「餓眼望將穿，饞口涎空咽，空著我透骨髓相思病染，怎當他臨去秋波那一轉！」最後一句的意思是：誰能不被她臨走時那多情的一望而引得動心呢？

佛教首先要戒的就是「色」，可這位和尙卻從《西廂記》悟道，豈不是笑話麼？馮夢龍的嘲諷之意是一目瞭然的。

但是且慢！禪宗的悟，如「罔象無心，明珠忽然在掌」，無論什麼樣的觸發，都有可能使人開悟。一則公案說：

（樓子和尚）一日偶經遊街市間，於酒樓下整襪帶次。聞樓上人唱曲云：「你既無心我也休。」忽然大悟，因號「樓子」焉。

一支抒發情愛感受的小曲，竟使樓子和尚頓悟；某僧從《西廂記》悟道，其情形不也與之相彷嗎？

昭覺克勤禪師的開悟詩云：

金鴨香銷錦綉幃，笙歌叢裡醉扶歸。
少年一段風流事，只許佳人獨自知。

據說，克勤聽到「頻呼小玉元無事，只要檀郎認得聲」的艷詩，遂大徹大悟。他的開悟詩用「少年一段風流事，只許佳人獨自知」比喻道只能自證自悟，不可言說，不可用概念表達，無法傳達給別人。將艷詩與禪並在一起，看來並無不妥。

不語禪

語言是邏輯的工具，是對世界本體的分割或束縛。禪宗的悟是獨持的進入世界本體的悟，因而無法用邏輯化、片面化的語言來表達。

一僧號不語禪，本無所識，全仗二侍者代答。適遊僧來參問：「如何是佛？」時侍者他出，禪者忙迫無措，東顧復西顧。又問：「如何是法？」禪不能答，看上又看下。又問：「如何是僧？」禪無奈，輒瞑目矣。又問：「如何是加持？」禪但伸手而已。

遊僧出，遇侍者，乃告之曰：「我問佛，禪師東顧西顧，蓋謂人有東西，佛無南北也；我問法，禪師看上看下，蓋謂是法平等，無有高下也；我問僧，彼是瞑目，蓋謂白雲深處卧，便是一高僧也；問加持，則伸手，蓋謂接引衆生也：此大禪可謂明心見性矣。」

侍者還，禪僧大駡曰：「爾等何往？不來幫我。他問佛，教我東看你又不見，西看你又不見；他又問法，教我上天無路，入地無門；他又問僧，我沒奈何，只假睡；他又問加持，我自愧諸事不知，做甚長老，不如伸手沿門去叫化也罷。」

這則見於馮夢龍《廣笑府》的笑話，是對禪宗的不懷好意的嘲諷。禪宗主張超越語言文字，在禪宗看來，語言是邏輯的工具，是對世界本體的分割或束縛。許所有的語言都是缺憾不全的，因爲太多樣太歧異；眞正超絕的語言仍未建立。許多感覺、形象、感情、回憶、衝動……都無法通過語言來重現。禪宗的悟是獨特的進入世界本體的悟，因而無法用邏輯化、片面化的語言來表達。爲此，禪宗一再強調要砸碎語言的桎梏。一則公案說：

山（首山省念）一日舉竹篦，問曰：「喚作竹篦即觸，不喚作竹篦即背。喚作甚麼？」師（歸省）掣得擲地上，曰：「是甚麼？」

無論喚作什麼，都須借助於語言。歸省擲竹篦於地，目的在於打破語言的限制，睜開第三隻眼，用非邏輯的觀念接近世界，發現邏輯之外的廣闊人生。這種無語禪，充滿了超越理性的智慧；對它的挖苦表明了挖苦者仍是尋常眼孔。

求人不如求己

學佛求解脫應該自渡，而不可一味依靠佛渡、師渡。

或問佛印曰：「觀音傍有侍者，何爲自提淨瓶。」佛印戲答曰：「求人不若求己。」

這則笑話見於馮夢龍《廣笑府》卷十一。「求人不如求己」，佛印的「戲答」，不妨視爲禪宗的至理名言。

相傳，禪宗四祖道信去見三祖僧璨，他懇求說：「願老師慈悲，賜給我解脫法門。」僧璨反問道：「哪個捆綁了你？」道信說：「沒有人捆綁我。」僧璨道：「既然沒有人捆綁你，還求什麼解脫呢？」

僧璨的意思是不難理解的。學佛求解脫應該自渡，而不可一味依靠佛渡、師渡。用慧海禪師的話來表述，即：「衆生自渡，佛不能渡，若佛能渡衆生時，過去諸佛，如微塵數，一切衆生，總應渡盡，何故爾等至今，流浪生死，不得成佛。當知衆生自渡，佛不能渡，努力努力。自修，莫倚他佛力。」後期禪宗甚至有「寧可永劫受沉淪，不從諸聖求解脫」、「求佛即被佛魔攝，求祖即被祖魔攝」等說法。

據說，五祖弘忍把衣鉢傳給六祖慧能之後，就在當夜親自送他到九江驛邊。上船後，五祖親自把櫓，慧能說：「請和尚坐，弟子來搖櫓。」五祖說：「合是我渡你！不可你卻渡我。」慧能說：「弟子迷時，須和尚渡，今我已悟矣，理應自渡。渡名雖一，用處不同。慧能生在偏處，語又不正，蒙師教旨傳法，今已得悟，應該自性自渡。」五祖聽了便說：「如是如是！以後佛法由汝大行。」

慧能的意思是什麼？

宋朝的禪僧道謙與宗元是好友。道謙苦於一生參禪，殊無得力處，不禁泣下。宗元說：「別的事我都可替你。只有五件事替你不得，你便自家支當。」道謙問：「五件者何事？願聞其要。」宗元說：「著衣吃飯，屙屎放尿，駝個死屍路上行。」道謙聽了，豁然有省。

「自家支當」，也是自渡的意思。

「境者心造也」

我們的生活是心理的生活。達到此心或精神的眞性是禪宗的首要目的。發現心本身，達到心的徹悟，在這之外，禪別無所求。

明代的謝肇淛在談到小說《西遊記》時，認爲孫悟空是比喻人的「心」，豬八戒是比喻人的「意」；孫悟空最初上天下地，不可拘束，後來緊箍一咒，才使心猿馴服，這表明了修心的必要性。

謝肇淛的這種看法大約是受到禪宗的啓迪。禪宗六祖慧能指出：「心量廣大，猶如虛空……虛空能令日月星辰、大地山河、一切草木、惡人善人、惡法善法、天堂地獄，盡在空中。」這意思是，世界上的萬事萬物都是「心」所變現的，即所謂「三界唯心」。孫悟空同樣是「心」的變現。

清代的梁啓超對「三界唯心」這一命題有過精彩的發揮。一九〇四年，他寫《唯心》一文，說：「境者心造也，一切物境皆虛幻，唯心所造之境爲眞實。」

比如，面對同一物境，各人心境不同，看法就不相同：「同一月夜也，瓊筵羽觴，清歌妙舞，綉簾半開，素手相攜，則有餘樂；勞人思婦，對影獨坐，促織鳴壁，楓葉繞船，則有餘悲。」因此，世界上沒有「物境」，「但有心境而已。」正所謂：

萬法歸一。

我們的生活是心理的生活。達到此心或精神的眞性是禪宗的首要目的。發現心本身，達到心的徹悟，在這之外，禪別無所求。

藉風景陶冶性情

> 雨花堂細草綿軟如茵，坐臥其上，不見泥土，他山所無也；攝山往祖堂，磴道幽甚；清涼寺前，草坡平曠，極宜心目。弟於數處，皆時遊憩，內養不足，正藉風景陶冶耳。

明末文人陳衎，字槃生，閩縣（今福建閩侯縣）人。他在寫給朋友何彥季的尺牘中說：

雨花堂細草綿軟如茵，坐卧其上，不見泥土，他山所無也；攝山往祖堂，磴道幽甚；清涼寺前，草坡平曠，極宜心目。弟於數處，皆時遊憩，內養不足，正藉風景陶冶耳。

內在的修養不足，而藉風景來洗滌俗念，陶冶性情；陳衎的這些話，很坦率，也很富哲理。

宋代的周紫芝說，他曾讀過蘇軾的《和梵天僧守詮》詩，所謂「但聞煙外鐘，不見煙中寺。幽人行未已，草露濕芒履。唯應山頭月，夜夜照來去。」極欣賞其清絕過人的風格。

晚年遊錢塘，周紫芝才讀到守詮原詩：「落日寒蟬鳴，獨歸林下寺。松扉竟未掩，片月隨行屨。時聞犬吠聲，更入青蘿去。」經過與蘇詩比較，周以爲，守詮詩「幽深清遠，自有林下一種風流。東坡老人雖欲回三峽倒流之瀾，與溪壑爭流，終不近也。」

以蘇軾的命世才情，其創作卻不具守詮詩那種「林下風流」，個中原因，除了內在修養的差距外，當與二人接受風景陶冶的程度不同相關。禪寺多在深山之間，目的就是遠離塵俗，陶冶性情。

唐人張籍〈秋山〉詩云：

秋山無雲復無風，溪頭看月出深松。
草堂不閉石床靜，葉間墜露聲重重。

「靜」是一篇主旨。「秋山無雲復無風」，以靜寫靜，大有掃空物色之概；「葉間墜露聲重重」，以動寫靜，深得「鳥鳴山更幽」之趣。「溪頭看月出深松」，寫月寫松，而意在寫看月之人。惟其如此，故二十八字，景語皆為情語，詩人安適恬靜的心境即寓於寫景之中。

〈秋山〉不是禪詩，又何妨作為禪詩來讀。

賈寶玉的「俗緣」

樂極悲生，人非物換，究竟是到頭一夢，萬境歸空。

《紅樓夢》第一回，介紹創作緣起，敘述了一個通靈神話的故事。話說女媧氏煉石補天之時，剩下一塊未用，丟棄在大荒山無稽崖青埂峰下。誰知此石自經鍛煉之後，靈性已通，自去自來，可大可小；因見衆石俱得補天，獨自己無才，不得入選，遂自怨自愧，日夜悲哀。一日，正當嗟悼之際，俄見一僧一道，遠遠而來，生得骨格不凡，丰神迥異，來到這靑埂峰下，席地坐談。石頭聽他們談及紅塵中榮華富貴，不覺打動凡心。蒙一僧一道大施佛法，將其縮成扇墜大小的一塊美玉，再鐫上數字，然後攜至那昌明隆盛之邦、詩禮簪纓之族、花柳繁華地、溫柔富貴鄉去走了一遭。

這塊石頭，便是賈寶玉。

石頭幻形入世，這便是賈寶玉的俗緣。

佛教認為，萬事萬物皆無實體，僅假於因緣而有形質。這個形質是忽成忽滅、隨時變化的。人世間的事物皆是某種幻相。賈寶玉作為青埂峰下那塊頑石的幻相，實際上是如夢幻、泡影般的「空」。

夢幻空花，回頭是岸。賈寶玉的人生歸宿是出家。出家之前，賈寶玉已接受了一次又一次的佛法啓迪。他見到癩頭和尚，如遇救星，忙問是否從太虛幻境來。和尚答道：「什麼『幻境』！不過是來處來、去處去罷了。」這是用禪宗的機鋒，促使賈寶玉頓悟「本來面目」。果然，自癩頭和尚走後，寶玉便決定斬斷塵緣。賈府裡「那些丫頭不知道，還要逗他，寶玉那裡看得到眼裡。」鶯兒跟他回憶起當年的詩情畫意，寶玉「又覺塵心一動，連忙斂神定息」，終於抵擋住了心魔孽障。

賈寶玉出家，印證了一句話：「樂極悲生，人非物換，究竟是到頭一夢，萬境歸空。」那麼，我們該如何對待人生呢？唐代禪僧靈一的《歸岑山過惟審上人別業》詩寫得好：

禪各無心憶薜蘿，自然行徑向山多。
知君欲問人間事，始與浮雲共一過。

人生情緣，各有分定

就我們每個人而言，珍惜夫妻緣分、師生緣分、同事緣分、同鄉緣分，人生必將更為美好。

「分定」即命中注定的緣分。這是佛家的用語。

《紅樓夢》第三十六回，回目是：「綉鴛鴦夢兆絳芸軒，識分定情悟梨香院。」所謂「識分定情悟梨香院」，講的是賈寶玉悟道的一段心路歷程。

紅樓十二官之一的齡官，與賈薔是一對情侶。二人深情綿綿，已達到癡的程度。齡官曾獨自一人在大觀園的薔薇花架下，一邊哽噎，一邊拿著綰頭的簪子在地下畫「薔」字。大雨突來，將她的身上淋得透濕，她居然毫無感覺。直到寶玉叫她「不用寫了。你看下大雨，身上都濕了。」她才唬了一跳。至於賈薔，也同樣是癡情一片。他爲了給齡官解悶開心，花了一兩八錢銀子買了隻會銜旗串戲台的玉頂金豆雀兒給齡官玩，並當場玩給齡官看。衆女孩子都道「有趣」，獨齡官因自己是優伶，怪賈薔「又弄個雀兒來，也偏生干這個」，「分明是弄了他來打趣形容我們。」賈薔聽了，連忙賭身立誓，放了雀兒，拆了鳥籠。

「齡官畫薔」與「賈薔買雀」這兩件事，賈寶玉親眼目睹，「自此深悟人生情緣，各有分定，只是每每暗傷：『不知將來葬我灑淚者爲誰？』」誰呢？沒有答案。但讀者知道：誰來葬寶玉無關緊要。重要的是，寶玉體會到了：知己之愛在男女之愛中最爲寶貴，他與林黛玉之間的那份情愫有著無比的價值。

人生情緣，各有分定。從廣闊的社會人生範圍看，它告訴我們：切莫追求那些非分的東西。唐代的李節在《送疏言禪師太原取經詩序》裡說：「有些批評佛教的人，只知道它產生於衰世，不知道衰世須佛教來拯救。爲什麼這麼說呢？因爲，風俗頹壞，人心憂悶，如果不用佛教使各安其分，勇者將奮而思斗，智者將靜而思謀，則阡陌之人將群起鬧事。今佛教將這一切歸之於分（因果）而不責備於人，故賢智俊朗之士皆息心淨慮；所以，衰亂之世，賴此而安，幹嘛要翦除它呢？」這是從執政者的角度來談分定理論的作用。其實，就我們每個人而言，珍惜夫妻緣分、師生緣分、同事緣分、同鄉緣分，人生必將更爲美好。也許，我的這一引申比李節的說法要親切些，更多幾許人情味？

詩佛

大慈與一切衆生樂，大悲拔一切衆生苦。大慈以喜樂因緣與衆生，大悲以離苦因緣與衆生……

清代袁枚的《隨園詩話》補遺卷三記載：

蔣心餘太史自稱詩仙；而稱余爲詩佛，想亦廣大教主之義。弟子梅沖爲作《詩佛歌》云：「心餘太史不世情，獨以詩佛稱先生。先生平生不好佛，攢眉入社辭不得。佛之慈悲罔不包，先生見解同其超。佛之所到無不化，先生法力如其大。一聲忽作獅子吼，喝被炎摩下方走。天上地下我獨尊，雙管兔毫一隻手。人間遊戲撒金蓮，急流勇退全其天。小蒼山居大自在，一吟一咏生雲煙，有時披出紅袈裟，南天門邊縛夜叉。八萬四千寶塔造，天魔龍象爭紛拏。有時敷坐如善女，低眉微笑寂無語。天外心從何處歸，鵲巢於頂相爾汝。眼前指點說因由，千山頑石皆點頭。三唐兩宋攝其總，四大海水八毛孔。一心之外無他師，六合以內皆布施。先生即佛佛即詩，佛與先生兩不知。我是如來大弟子，夜半傳衣得微旨。放膽爲作《詩佛歌》，願學佛者從隗始。」

蔣心餘即蔣士銓。袁枚藉蔣士銓的口和梅沖的筆，將自己定爲詩佛，不免自我標榜之嫌。但我們引錄這則詩話，目的不在爲袁枚貼金，而主要是藉此談談佛的慈悲救世的品格。

大乘佛教以大慈大悲爲宗旨。《大智度論》卷二十七解釋說：「大慈與一切衆生樂，大悲拔一切衆生苦。大慈以喜樂因緣與衆生，大悲以離苦因緣與衆生……小慈但心念與衆生樂，實無樂事；小悲名觀衆生種種身苦、心苦，憐愍而已，不能令脫。大慈者念令衆生得樂，亦與樂事；大悲憐愍衆生苦，亦能令脫苦。」大慈大悲的菩薩即救世主，即廣大教主。

袁枚以廣大教主自許，作為詩壇領袖，得到他扶植的人確乎多不勝數。《隨園詩話》補遺卷九說：「以詩受業隨園者，方外緇流，青衣紅粉，無所不備。……近又有伶人邱四計五亦來受業。王夢樓見贈云：『佛法門牆眞廣大，傳經直到鄭櫻桃。』」連優伶也被袁枚「渡」為詩人，眞可謂「佛之慈悲罔不包」了。錢梅溪《履園叢話》卷八談到：「自太史（袁枚）《隨園詩話》出，詩人日漸多；自宗伯（沈德潛）三種《別裁》出，詩人日漸少。」沈德潛門牆太高，尋常人進不了；而詩佛袁枚則平易近人，「慈悲」為懷，想做詩人的都可從他那兒領到門票。

某尼深得佛心

在日常生活中保持一顆慈悲為懷的高貴心靈，這便是活佛。滄州某尼勸人存善心，做善事，正是指給人一條成佛的路徑。

清代紀昀《閱微草堂筆記》卷十三講述滄州一遊方尼「深得佛心」的故事。

她的特點是：「不勸婦女布施，惟勸之存善心，做善事。」紀昀的外祖父家，一范姓僕婦，曾施布一匹。尼合掌申謝，放几上片刻，仍舊還給了范姓僕婦，並說：「檀越（施主）功德，佛已鑒照矣。既蒙見施，布即我布。今已九月，剛才見你婆婆（丈夫的母親）還穿著單衫。謹以此奉贈，爲你婆婆縫一件棉衣，好嗎？」

滄州尼姑的這一舉動，何以被讚賞爲「深得佛心」呢？禪是現實的，以人生爲主題的學問。禪宗的佛，並非超越一切的神，而是平常生活中即可見到的榜樣。《臨濟錄》說：

大德，覓什麼物？現今目前聽法依道人，歷歷地分明，未曾欠少。你若欲得與祖佛不別，但如是見，不用疑誤。你心心不異，名之活佛。

在日常生活中保持一顆慈悲爲懷的高貴心靈，這便是活佛。滄州某尼勸人存善心，做善事，正是指給人一條成佛的路徑。

《閱微草堂筆記》卷二十二中的滄州甜水井老尼慧師父，亦「深得佛心」。她平日「清齋一食，取足自給，不營營募化。」一次，某僕婦施捨給她一匹布，慧師父端詳了好久，說：「布施須用自己的財物，才算功德。你主人家因爲丟了這匹布，以致好幾個小婢挨打，佛豈能接受這種布施？」僕婦把實情告訴她：「我以爲主人不會發現，所以拿了一匹。不料連累了別人，心裡不安，特來布施，以求免罪。」慧師父將布擲還，令她悄悄送回原處，既使別人不受冤枉，自己的心靈亦獲得安寧。

據說，清代有個囚犯，曾將自己的犯罪歸因於信佛。「佛家之說，謂雖造惡業，功德即可以消滅；雖墜地獄，經懺即可以超渡。吾以爲生前焚香布施，歿後延僧持誦，皆非吾力所不能。既有佛法護持，則無所不爲，亦非地府所能治。不虞（想不到）所謂罪福，乃論作事之善惡，非論捨財之多少。金錢虛耗，春煮難逃。向非恃佛之故，又安敢縱恣至此耶？」以捨財爲功德，這是淨土等宗派的看法；以「存善心，做善事」爲功德，這是禪宗的看法。某囚犯恃佛犯罪，他所恃的是淨土宗，與禪宗是不相干的。而滄州兩尼所得之佛心，才是禪宗所認可的佛心。

佛光示現

成佛是一種大澈大悟的人生境界，內心寧靜，恬淡高雅。

印度佛教認爲，通過修持禪定，可以得到某種神秘的靈力，即神通。它包括六個類別：

神足通，謂身能飛天入地，出入三界，變化自在；

天眼通，謂能見六道衆生死此生彼，苦樂境況，見一切世間種種形色；

天耳通，謂能聞見六道衆生苦樂憂喜語言及世間種種聲音；

他心通，謂能知六道衆生心中所念之事；

宿命通，謂能知自身一世二世三世乃至百千萬世的宿命及所作之事，亦能知六道衆生的宿命及所作之事；

漏盡通，謂消解一切煩惱惑業，永遠擺脫生死輪迴。

印度佛教所宣稱的神通，在最早介紹到中國的佛教經典中，包括《安般守意經》和《般舟三昧經》等，也屢見講述。南北朝時期的一些「爲釋氏輔教」的志怪小說，也常提到佛的神通。如齊梁時代王琰的《冥祥記》講述說：「晉廬山七嶺，同會於東，共成峰崿。其崖窮絕，莫有升者。晉太元中，豫章太守范寧，將起學館，遣人伐材其山。見人著沙門服，凌虛直上。既至，則回身踞其峰，良久，乃與雲氣俱滅。」佛能夠自由地翱翔於空中，這是魏晉南北朝時信佛者的一般看法。

唐以後的禪宗不大談論神通。禪宗相信，成佛是一種大徹大悟的人生境界，內心寧靜，恬淡高雅。這種禪意，難於言說，難於闡釋；假如一定要強做解人，我覺得，紀昀《閱微草堂筆記》卷八的一則值得品味：

宛平何華峰，官寶慶同知時，山行疲困，望水際一草庵，投之暫憩。榜曰：「孤松庵」，門聯曰：「白鳥多情留我住，青山無語看人忙。」有老僧應門，延入具茗，頗香潔；而落落無賓主意。室三楹，亦甚樸雅。中懸畫佛一軸，有八分書題曰：「半夜鐘磬寂，滿庭風露清。琉璃青黯黯，靜對古先生。」不署姓名，印章亦模糊不辨。旁一聯曰：「花幽防引蝶，雲懶怯隨風。」亦不題款。指問：

「此師自題耶？」漠然不應，以手指耳而已。……華峰畫有《佛光示現卷》，並自記始末甚悉。華峰歿後，想已雲煙過眼矣。

這與其說是「佛光示現」，不如說是紀昀對佛境的虛擬。本來，禪化了的佛境是不可稱道、不可言說、不可思議的；它不能用日常的邏輯和規範來判斷，來衡量；它是神秘的，如鏡花水月，一經捕捉，頓時消失；它是空靈的，如海市蜃樓，一經追尋，便成空幻。用筆墨來展示佛境，禪宗大師們是不會認同的，但倘若不得不用筆墨來介紹的話，紀昀的這則筆記做得是相當出色的。

豪放的禪

「辟如獅子，百獸之主。為小蟲吼，則為眾所笑。若在虎狼猛獸中奮迅大吼，則為智人所可。」

內典亦有作壯語而偉甚者，如云：「辟如獅子，百獸之主。爲小蟲吼，則爲眾所笑。若在虎狼猛獸中奮迅大吼，則爲智人所可。」埴曾遊於四明提帥吳公郡幕府，偶以擧似於公，公曰：「大吼者，大將也。小吼者，偏將也。詳其義，足使人增勇而起怯。」

這則記載見於清代金埴的《不下帶編》卷五。所謂「內典」，即佛家典籍。以慈悲爲懷的佛家也有豪放的一面，金埴的這一發現令人振奮。

其實，禪宗的豪放本是題中應有之意。禪宗之前的佛教各宗派，都將佛描繪得高不可攀；而南宗禪的信仰者，卻敢於說佛不在外，在我心中，我即是佛。我即是佛，這還不夠豪放嗎？

禪僧的詩，也時以豪放見長，如明代蒼雪的一首：

擧頭天外看無雲，誰似人間吾輩人？
荆棘叢中行放腳，月明簾下暗藏身。

北宋雪竇重顯禪師的《五老師子》更氣韻不俗：

踞地盤空勢未休，爪牙何必競時流？
天教生在千峰上，不得雲擎也出頭。

目空一切，豈是世俗所能羈束？

我們再看幾聯警句：

丈夫自有衝天志，莫向如來行處行。
任從三尺雪，難壓寸靈松。
擘開華岳連天色，放出黃河到海聲。
能為萬象主，不逐四時凋。
孤蟾獨耀江山靜，長嘯一聲天地秋。
白雲散盡千山外，萬里秋空片月新。

這不妨視爲禪師們的心靈自白。

禪師們的這種豪放氣概，使禪在大慈大悲之外，也不時呈現出金剛怒目的一面。實際上，以慈悲爲懷而誓願普渡衆生，便難免成爲邪惡的對立者。所以，詩僧貫休的《陽春曲》寫道：

為口莫學阮嗣宗，不言是非非至公。

他的《古鏡詞》也表示要在人世間明辨善惡：

我有一面鏡，新磨似秋月。
上唯金膏香，下狀驪龍窟。
等閒不欲開，丑者多不悅。
或問幾千年，軒轅手中物。

讀了這樣的詩，相信也有「增勇而起怯」的效果。

「活佛」

幾度西湖獨上船，篙師識我不論錢。
一聲啼鳥破幽寂，正是山橫落照邊。

清代黃國瑾的《看山閣閒筆》卷十五有《僧好飲酒》一則：

寺僧好飲酒啖肉，師屢責之，頗怨，乃會寺衆，塗臉持杵，直逼座曰：「某等乃濟顛化身也，吾門只除貪、嗔、癡，三件之外，無所忌憚，何害飲酒啖肉邪？」言畢，舉杵欲擊之，師懼伏罪，遂不禁。當道聞之，執其師令罰，師曰：「甘受爺罰，不敢違活佛教也。」

這位「好飲酒啖肉」的「活佛」，正是盛行於明代的「狂禪」之流。

笑話中提到的濟顛，即南宋僧人道濟。原名李心遠，台州（治所在今浙江臨海）人。初於浙江杭州靈隱寺出家，後移住淨慈寺。不守戒律，嗜好酒肉，舉止如癡如狂，被稱「濟癲僧」。小說《濟公傳》，對他的這種特點作了進一步的渲染：嬉笑怒罵，恣情縱意，似顛非顛，禪機活潑。因其靈驗，人稱活佛。某些回目，像「佛力顛中收萬法，禪心醉裡指無名」、「松長老欣飛錫杖，濟顛僧怒打水缸」、「不避嫌裸體治癆，恣無禮大言供狀」，不必讀正文，就能感受到一股不同於正宗佛門弟子的氣息。

歷史上的「濟顛僧」，還是一位值得稱道的詩人，比如他下面的幾首詩：

幾度西湖獨上船，篙師識我不論錢。
一聲啼鳥破幽寂，正是山橫落照邊。

＊＊＊＊＊

五月西湖涼似秋，新荷吐蕊暗香浮。
明年花落人何在？把酒問花花點頭。

筆飛墨舞，具見其無拘無束的性情；而「把酒問花」的細節，尤能顯示出「狂禪」的風格。

據說，禪僧法常酷嗜酒，整天沉醉熟睡。他談論飲酒的好處說：「酒天虛無，酒地綿邈，酒國安恬，無君臣貴賤之拘，無財利之圖，無刑罰之避，陶陶焉，蕩蕩焉，其樂可得而量也。」按他的說法，酒與禪相通，飲酒有助於參禪。濟顛之飲酒，當作如是解。只是，笑話中的寺僧卻未必能領略酒中的禪意。他之「好飲酒食肉」，也許純出於口腹之欲。

詩僧鏡澄

「和尚自作詩，不求先生知也。先生自愛和尚詩，非愛和尚也。」

金陵水月庵僧鏡澄，能詩，然每成輒焚其稿。檇李吳澹川（文溥），錄其數首，呈隨園先生，先生激賞之。吳謂鏡澄宜往謁先生。鏡澄曰：「和尚自作詩，不求先生知也。先生自愛和尚詩，非愛和尚也。」卒不往。其《留澹川度歲》詩云：「留君且住豈無因，比較僧貧君更貧。香積尚餘三斛米，算來吃得到新春。」「新栽梅樹傍檐斜，待到春來便著花。老衲不妨陪一醉，爲君沽酒典袈裟。」其風致如此。

這則隨筆題為〈金陵詩僧〉，見清人梁紹壬〈兩般秋雨庵隨筆〉卷七。隨筆中提到的隨園即清代中葉的詩壇領袖袁枚。他被目為「廣大教化主」，很樂意為不出名的詩人遊揚。

鏡澄不去拜訪袁枚，這使人想起唐代的詩僧皎然。他工律詩，曾求見韋應物，怕詩體不合韋的口味，在船中擬作古體詩十數篇呈上，韋應物看了，一句稱賞的話也沒有。皎然失望之餘，又獻上自己的舊作，韋應物讚不絕口，對皎然說：「你差點喪失聲名，幹嘛揣摩老夫的喜好，隱藏自己的長處。」皎然求名心切，不惜投人所好，比較起來，鏡澄不去謁見隨園，其品格之高，無須贅言。他對吳澹川的回答，機鋒側出，頗有禪趣。

據〈世說新語〉記載：東晉高僧竺法深為簡文帝司馬昱的座上客，劉惔譏問他：「僧人怎麼也出入朱門？」竺法深答道：「君自見其朱門，貧道如遊蓬戶。」在澹川眼裡，袁枚是詩壇盟主；而在鏡澄眼裡，袁枚只是一名普通讀者。這種不慕世俗之名的處世態度，賦予他的詩以超塵脫俗的風致。

「我見出家人，總愛吃酒肉」

蘇軾的詩說：「乃知戒律中，妙用謝羈束，何必言《法華》，佯狂啖酒肉。」——這便是「狂禪」！

只是，我們千萬別把「狂禪」當作禪的正宗。

禪不是自然主義，禪不贊同隨心所欲的放縱。

自稱「行雲流水一孤僧」的蘇曼殊，很少過寺廟的宗教生活，也不受佛教清規戒律的約束。據說，一次陳獨秀在酒館裡飲酒，正和朋友談天，「忽然闖了一個和尚進來，卻是曼殊來也。」「此時他僧裝而吃酒吃肉。」過了不久，蘇曼殊嫌穿僧裝「吃花酒不方便」，索性連僧裝也脫了。

蘇曼殊不僅吃酒吃肉，花天酒地，還和秦淮河上的伎人金鳳、日本妓女百助等談情說愛，纏纏綿綿，爲她們寫了數十首情詩，如「還卿一缽無情淚，恨不相逢未剃時」等。他以繪畫爲生平絕藝，但從不輕易爲人「著筆」。他在《與劉三書》中風趣地說：凡男子索畫，一概謝絕；而女子求畫則有求必應，不過，「每畫一幅，須以本身小影酬勞。」

蘇曼殊的爲人，令我們想起《水滸傳》中的魯智深。智深在五台山出家做了和尙，卻既不參禪，又不守戒：「每到晚上，便放翻身體，橫羅十字，倒在禪床上睡」，「要起來淨手，大驚小怪，只在佛殿後撒尿撒屎，遍地都是」；又喝燒酒，吃狗肉，喝醉了，將滿寺僧人打得東奔西跑。如此胡鬧，可容與堂本評語卻說：「此回文字分明是個成佛作祖圖。若是那班閉眼合掌的和尙，絕無成佛之理。何也？外面模樣盡好看，佛性反無一些。如魯智深吃酒打人，無所不爲，無所不做，佛性反是完全的，所以到底成了正果。算來外面模樣，看不得人，濟不得事。」

容與堂本的評語有什麼「理論」依據嗎？有的。有人問慧能的大弟子南岳懷讓：是否可以吃酒肉？懷讓的回答是：

要吃，是你的祿，不吃，是你的福。

南宋的宗杲禪師甚至有「飲酒食肉不礙菩提」之論。只要自己腳跟立得定，

「於有差別境中能常入無差別定，則酒肆淫房，遍歷道場，鼓樂音聲，皆談般若」。蘇軾的詩說：「乃知戒律中，妙用謝羈束，何必言〈法華〉，佯狂啖酒肉。」——這便是「狂禪」！

唐代的拾得在一首詩中描寫道：

我見出家人，總愛吃酒肉。

這或許不算「冤案」。只是，我們千萬別把「狂禪」當作禪的正宗。柳田聖山曾批評說：「禪宗有部分人士頗爲惡劣，他們有一種傾向於自然主義和行爲主義的危險性。」捨棄道心，趨附人心，流於「放縱」。由這樣一些人推波助瀾而造成的「狂禪」，已經在某種程度上損害了禪的聲譽。

禪不是自然主義，禪不贊同隨心所欲的放縱。

後記

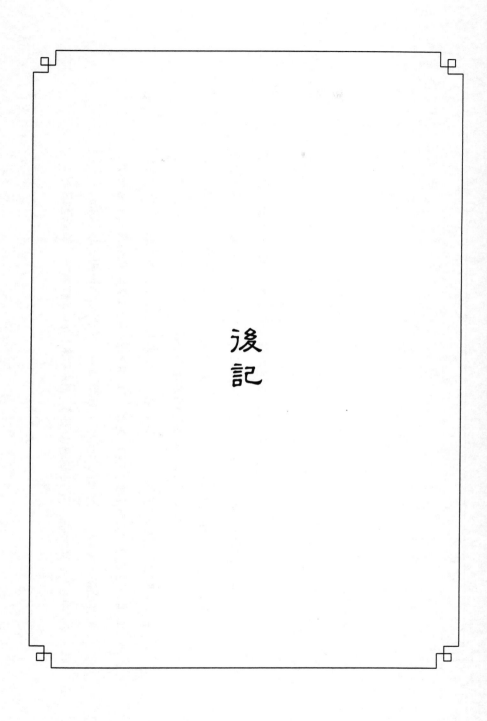

本書的編寫，主要參考了任繼愈主編《中國佛教史》、范文瀾著《唐代佛教》、南懷瑾著《禪宗與道家》、高振農著《佛教文化與近代中國》、程亞林著《詩與禪》、鈴木大拙著《禪學入門》、鈴木大拙、佛洛姆著《禪與心理分析》、郭紹林著《唐代士大夫與佛教》、賴永海著《中國佛性論》、呂澂著《中國佛學源流略講》等。對於前賢與時賢無言的幫助，我銘佩在心。

在寫作過程中，我的妻子曾德安偶然抽看了其中的幾篇，竟表示深有同感。從那以後，她就成了本書不署名的作者了，因爲，她對禪的那分好感，她對我寫作的熱情關心，已如潺潺流泉，從我的筆尖滲入了文字之中。

陳文新

禪宗的人生哲學—頓悟人生　　中國人生叢書 10

著　　者／陳文新
出 版 者／揚智文化事業股份有限公司
發 行 人／葉忠賢
責任編輯／賴筱彌
執行編輯／晏華璞
地　　址／台北市新生南路三段 88 號 5 樓之 6
電　　話／(02)366-0309　366-0313
傳　　真／(02)366-0310
登 記 證／局版北市業字第 1117 號
印　　刷／偉勵彩色印刷股份有限公司
法律顧問／北辰著作權事務所　蕭雄淋律師
初版九刷／ 1999 年 7 月
定　　價／新臺幣： 250 元
ISBN ／ 957-9272-04-2

南區總經銷／昱泓圖書有限公司
地　　址／嘉義市通化四街 45 號
電　　話／(05)231-1949　231-1572
傳　　真／(05)231-1002

E-mail:tn605547@ms6.tisnet.net.tw
網址:http:// www.ycrc.com.tw

國立中央圖書館出版品預行編目資料

禪宗的人生哲學：頓悟人生／陳文新著.
－－初版.－－臺北市：揚智文化，1995〔民84〕
面；公分.－－（中國人生叢書；10）
ISBN 957－9272－04－2（平裝）

1.禪宗

226.65　　84000874